OBLIVION REMASTERED 2025 SPIELANLEITUNG

Erkunden, erobern und werden Sie zum ultimativen Helden von Cyrodiil

WESTSIDE EVA

HAFTUNGSAUSSCHLUSS

Dieser Leitfaden ist eine umfassende Ressource für *Oblivion Remastered* und soll den Spielern dabei helfen, den Inhalt des Spiels zu erkunden, es zu 100 % abzuschließen und die verschiedenen Spielstile zu meistern. Obwohl alle Anstrengungen unternommen wurden, um genaue und hilfreiche Informationen bereitzustellen, beachten Sie bitte, dass Spielaktualisierungen, Patches oder Modding-Tools bestimmte Mechanismen und Funktionen ändern können. Die Verwendung von Mods und Konsolenbefehlen liegt in Ihrem eigenen Ermessen und der Autor ist nicht verantwortlich für Probleme, die durch Modifikationen Dritter oder Spielfehler verursacht werden.

INHALTSVERZEICHNIS

EINFÜHRUNG

The Elder Scrolls IV: Oblivion ist eines der beliebtesten Rollenspiele seiner Zeit und lässt Spieler in die weite, offene Welt von Tamriel eintauchen. Mit der Remastered-Version, Oblivion Remastered, wurden Fans des Originalspiels nicht nur mit einer verbesserten Grafik verwöhnt, sondern erhielten auch erhebliche Verbesserungen bei Gameplay, Leistung und Immersion, die diesen Klassiker auf ein neues Niveau heben.

Verbesserte Grafik

Zuallererst hat Oblivion Remastered ein bedeutendes Facelift mit grafischen Verbesserungen erhalten, die dem Spiel neues Leben einhauchen. Während Oblivion bei seiner Erstveröffentlichung im Jahr 2006 für seine hochmoderne Grafik bekannt war, nutzt die Neuauflage die Vorteile moderner Technologie voll aus. Spieler werden sofort die detaillierteren Charaktermodelle, klareren Texturen und lebendigen Umgebungen bemerken. Die fernen Ausblicke, die im Originalspiel verschwommen schienen, erscheinen jetzt klar und voller Tiefe und ergänzen die ohnehin schon weitläufige Welt des Spiels.

Eines der beeindruckendsten grafischen Updates ist das Beleuchtungssystem. Die überarbeitete Edition führt fortschrittliche Beleuchtungstechniken ein, die die Umgebungen dynamischer und lebendiger wirken lassen. Der Tag-Nacht-Zyklus ist optisch auffälliger und die Art und Weise, wie das Licht mit den Landschaften spielt, verstärkt das Gefühl des Eintauchens. Die Sonne wirft lange, scharfe Schatten über das Land, während Kerker und Höhlen dunkler und voller Geheimnisse sind. Spiegelungen im Wasser, Wettereffekte und der Einsatz von Umgebungsokklusion bereichern das visuelle Erlebnis zusätzlich und machen Oblivion Remastered zu einem visuell beeindruckenderen Abenteuer.

Leistungsverbesserungen

Die zweite wichtige Verbesserung in Oblivion Remastered liegt in der Leistung des Spiels. Das Originalspiel war zwar für seine Zeit bahnbrechend, hatte jedoch mit Problemen wie niedrigen Bildraten, langen Ladezeiten und gelegentlichen Abstürzen zu kämpfen, insbesondere bei der Ausführung auf modernen Systemen. Die überarbeitete Version behebt viele dieser Probleme und sorgt für ein flüssigeres Gameplay. Die Bildraten sind stabiler und lange Ladebildschirme wurden deutlich reduziert, sodass das Erlebnis deutlich weniger störend ist.

Die überarbeitete Edition verbessert außerdem die Stabilität und verringert die Wahrscheinlichkeit von Abstürzen und Einfrieren in intensiven Momenten des Spiels, beispielsweise während großer Schlachten oder beim Erkunden der weitläufigen Welt von Cyrodiil. Es ist klar, dass die Entwickler Zeit damit verbracht haben, das Spiel so zu optimieren, dass es auf modernen Systemen effizient läuft, um sicherzustellen, dass die Spieler selbst in den anspruchsvollsten Bereichen des Spiels ein flüssiges, unterbrechungsfreies Spielerlebnis genießen können.

Spielmechanik: Verfeinerungen und neue Funktionen

Oblivion Remastered bringt nicht nur visuelle und Leistungsverbesserungen, sondern auch einige wichtige Gameplay-Änderungen. Die Kernmechanik bleibt dieselbe wie beim Original, es wurden jedoch mehrere Verbesserungen vorgenommen, um das Gesamterlebnis zu verbessern.

Eines der bemerkenswertesten Updates ist das Kampfsystem. Während das ursprüngliche Oblivion ein in die Jahre gekommenes Kampfmodell enthielt, das oft wegen seiner Wiederholung kritisiert wurde, wirkt der Kampf in der Remastered-Edition dynamischer. Neue Animationen, flüssigere Kampfübergänge und eine bessere Treffererkennung sorgen für flüssigere Kämpfe. Magie fühlt sich auch wirkungsvoller an, mit klareren visuellen Effekten und einem tieferen Gefühl der Macht beim Wirken von Zaubersprüchen.

Die überarbeitete Version verbessert die Charakterentwicklung. Das Levelsystem wurde optimiert, um ein zufriedenstellenderes Erlebnis zu bieten und den Spielern mehr Kontrolle über die Entwicklung ihres

Charakters zu geben. Ganz gleich, ob man sich auf Magie, Kampf oder Tarnung konzentriert, Spieler haben jetzt mehr Möglichkeiten, ihren Charakter an ihren persönlichen Spielstil anzupassen.

Die Einführung zusätzlicher Inhalte und Verbesserungen der Lebensqualität, wie z. B. eine schnellere Inventarverwaltung, eine verfeinerte Questverfolgung und ein verbessertes NPC-Verhalten, machen das Gesamterlebnis beim Spielen von Oblivion Remastered viel ansprechender und zugänglicher.

So verwenden Sie dieses Handbuch: Navigieren im Handbuch, Tipps für Anfänger und Fortgeschrittene und ein Überblick über die Struktur

Dieser Leitfaden wurde sowohl für Neueinsteiger als auch für erfahrene Veteranen entwickelt. Egal, ob Sie Oblivion Remastered zum ersten Mal in die Hand nehmen oder die Welt von Cyrodiil erneut besuchen, dieser Leitfaden wird Sie auf Ihrer Reise begleiten und sicherstellen, dass Sie das Beste aus Ihrem Erlebnis herausholen.

Navigieren im Guide

Die Struktur dieses Leitfadens wurde sorgfältig ausgearbeitet, um Ihnen als Spieler ein möglichst nahtloses Erlebnis zu bieten. Jedes Kapitel ist in spezifische Abschnitte unterteilt, die verschiedene Aspekte des Spiels abdecken, angefangen bei den Grundlagen bis hin zu fortgeschritteneren Strategien. Wir beginnen mit einer Einführung in die Welt von Oblivion, einschließlich der Geschichte, Charaktere und Spielmechanik, bevor wir uns mit detaillierten Strategien für Quests, Kämpfe, Gilden und mehr befassen. Im gesamten Leitfaden finden Sie Schritt-für-Schritt-Anleitungen, Charakteraufbauten, Kampftipps und ausführliche Diskussionen zu den Systemen des Spiels.

Wenn Sie ein Anfänger sind, empfehlen wir Ihnen, mit den ersten Kapiteln zu beginnen, in denen wir Sie durch die Grundlagen des Spiels führen, wie z. B. die Charaktererstellung, das Verständnis der Kampfmechanik und das Kennenlernen der Welt. Wenn Sie ein erfahrener Spieler sind, können Sie zu fortgeschritteneren Themen wie Charakteraufbau, Strategien für hochstufige Quests und Kampftaktiken übergehen.

Tipps für Anfänger

Für neue Spieler kann Oblivion Remastered aufgrund seiner weitläufigen Welt und komplexen Systeme zunächst überwältigend wirken. Dieser Leitfaden bietet hilfreiche Tipps, um Ihre ersten Schritte in Cyrodiil viel reibungsloser zu gestalten. Von der Erstellung des idealen Charakters bis zur Bewältigung Ihrer ersten Quests begleiten wir Sie bei jedem Schritt. Hier ein kurzer Überblick darüber, was Sie erwarten können:

- **Charaktererstellungn:** Die erste Wahl, die Sie in Oblivion treffen, ist die Wahl der Rasse, Klasse und des Geburtszeichens Ihres Charakters. Dieser Leitfaden hilft Ihnen bei der Auswahl der optimalen Kombination basierend auf Ihrem bevorzugten Spielstil, unabhängig davon, ob Sie sich auf Kampf, Magie oder Heimlichkeit konzentrieren möchten.

- **Erste Schritte in Cyrodiil:** Wir führen Sie durch die ersten Abschnitte des Spiels und zeigen Ihnen, wie Sie die ersten Quests abschließen, Ihr Inventar verwalten und mit der Erkundung der riesigen Welt beginnen.

- **Kampf verstehen:** Als Anfänger kann sich der Kampf zunächst herausfordernd anfühlen. In diesem Leitfaden erfahren Sie, wie Sie Nahkampf, Magie und Tarnung effektiv zu Ihrem Vorteil nutzen und Schlachten überschaubarer und unterhaltsamer gestalten können.

Tipps für fortgeschrittene Spieler

Für diejenigen, die bereits einige Zeit in Cyrodiil verbracht haben, bietet dieser Leitfaden fortgeschrittene Strategien zur Maximierung des Potenzials Ihres Charakters. Ganz gleich, ob Sie Ihren Charakteraufbau perfektionieren, hochstufige Quests bewältigen oder harte Bosse besiegen möchten – dieser Leitfaden bietet Expertentipps und ausführliche Taktiken, um Ihr Gameplay auf die nächste Stufe zu heben.

- **Fortgeschrittene Kampftechniken:** Erfahren Sie, wie Sie Kampfbewegungen verketten, den Schaden maximieren und die Umgebung im Kampf zu Ihrem Vorteil nutzen.

- **Spezialisierte Builds:** Wir werden uns eingehend mit den besten Charakter-Builds für High-Level-Gameplay befassen und uns dabei darauf konzentrieren, wie man den mächtigsten Magier, Krieger oder Dieb entwickelt, sowie Hybrid-Builds für Spieler, die Flexibilität mögen.

- **Das Endspiel erkunden:** Für fortgeschrittene Spieler führen wir Sie durch die letzten Phasen des Spiels und geben Tipps zum Abschließen der anspruchsvollsten Quests, zum Besiegen der Endgegner und zum Erreichen eines 100-prozentigen Abschlusses.

Was ist neu in der Remastered Edition: Übersicht über Updates, Änderungen und Verbesserungen gegenüber dem Originalspiel

Als Oblivion Remastered angekündigt wurde, waren Fans des Originalspiels gespannt darauf, wie die Entwickler ein klassisches Rollenspiel in die Moderne bringen würden. Das Ergebnis ist ein Spiel, das alles, was Oblivion großartig gemacht hat, verbessert und gleichzeitig entscheidende Verbesserungen vornimmt, die das Erlebnis auf ein höheres Niveau bringen.

Grafiküberarbeitung

Eine der offensichtlichsten Verbesserungen in Oblivion Remastered ist die visuelle Verbesserung. Die remasterte Edition nutzt die Vorteile moderner Grafiktechnologien voll aus und lässt das Spiel viel besser aussehen als bei seiner Erstveröffentlichung. Charaktere, Umgebungen und Animationen sind detaillierter, mit schärferen Texturen und dynamischeren Lichteffekten, die dem Spiel ein frischeres, immersiveres Gefühl verleihen. Dank verbesserter Wettereffekte, Wasserwiedergabe und Umgebungstexturen sieht die Welt von Cyrodiil jetzt lebendiger und lebendiger aus.

Verbesserter Ton

Während Oblivion schon immer für sein atmosphärisches Sounddesign gelobt wurde, geht Oblivion Remastered mit verbesserter Audioqualität noch einen Schritt weiter. Die Umgebungsgeräusche der Natur, das Klirren von Schwertern, das Singen von Zaubersprüchen – alles wurde für ein reichhaltigeres Hörerlebnis verbessert. Die bereits außergewöhnliche Sprachausgabe wurde durch neue Aufnahmen und eine bessere Synchronisierung mit Ereignissen im Spiel aktualisiert, sodass sich die Interaktionen mit NPCs natürlicher anfühlen.

Gameplay-Verbesserungen

Über die visuellen und akustischen Verbesserungen hinaus verfeinert Oblivion Remastered auch viele Spielmechaniken. Das Kampfsystem wurde durch neue Animationen und eine bessere Treffererkennung verbessert, wodurch die Kämpfe zufriedenstellender und flüssiger werden. Das Levelsystem wurde für eine bessere Ausgewogenheit optimiert, sodass Sie die Entwicklung Ihres Charakters leichter verfeinern können, ohne sich zu irgendeinem Zeitpunkt übermächtig oder unterfordert zu fühlen. Darüber hinaus gibt es Verbesserungen an den Inventar- und Questverwaltungssystemen, die es einfacher machen, Ziele zu verfolgen und Ihre Beute zu organisieren.

Fehlerbehebungen und Stabilität

Eine weitere wichtige Verbesserung ist die Beseitigung von Fehlern, die das ursprüngliche Oblivion-Erlebnis beeinträchtigten. Abstürze, Störungen und KI-Probleme, die im Original häufig auftraten, wurden behoben, wodurch Oblivion Remastered zu einem viel stabileren und ausgefeilteren Erlebnis wird. Mit flüssigerer Leistung, weniger Abstürzen und besserer Optimierung für moderne Hardware sorgt die remasterte Edition für ein angenehmeres Spielerlebnis, insbesondere für Spieler, die in der Vergangenheit möglicherweise technische Probleme hatten.

Neuer Inhalt

Die Remastered Edition enthält außerdem zusätzliche Inhalte, darunter neue Quests, Waffen, Rüstungen und NPCs. Diese Ergänzungen hauchen dem Spiel neues Leben ein und bieten erfahrenen Spielern neue Herausforderungen. Der Remaster enthält sogar einige aktualisierte Funktionen, die nicht Teil des ursprünglichen Oblivion waren, wie zum Beispiel eine erweiterte Modding-Unterstützung, die es den Spielern ermöglicht, ihr Spielerlebnis noch individueller zu gestalten.

Tipps für Anfänger: Erste Spielhinweise, Charaktererstellung und der Einstieg in Cyrodiil

Als Anfänger von Oblivion Remastered könnte der schiere Umfang des Spiels zunächst entmutigend sein. Mit der richtigen Herangehensweise werden Sie jedoch schnell lernen, sich in der Welt von Cyrodiil zurechtzufinden, Ihren Charakter zu entwickeln und alles zu genießen, was das Spiel zu bieten hat.

Tipps zur Charaktererstellung

Ihre Reise beginnt mit der Charaktererstellung, und dies ist eine der wichtigsten Entscheidungen, die Sie im Spiel treffen werden. Ihre Rasse, Klasse und Ihr Geburtszeichen haben erheblichen Einfluss auf Ihren Spielstil, daher ist es wichtig, sorgfältig auszuwählen.

- **Wettrennen:** Jede Rasse in Oblivion hat ihre eigenen einzigartigen Boni und Fähigkeiten. Wenn Sie beispielsweise nach einem Charakter suchen, der sich durch Magie auszeichnet, sind die Hochelfen oder Bretonen eine ausgezeichnete Wahl. Wenn Sie ein auf Heimlichkeit basierendes Spiel bevorzugen, sind die Khajiit oder Argonier mit ihren Boni auf Schleichen und Heimlichkeit ideal. Für den Nahkampf sind Nord oder Orks aufgrund ihrer Boni auf Kampffähigkeiten eine gute Wahl.

- **Klasse:** Zur Auswahl stehen voreingestellte Klassen wie Krieger, Magier, Dieb und Kombinationen wie Zauberschwert oder Nachtklinge. Alternativ können Sie eine benutzerdefinierte Klasse erstellen, die auf Ihren bevorzugten Spielstil zugeschnitten ist. Wenn Sie sich auf Magie konzentrieren möchten, wählen Sie einen Kurs, der Ihnen Zugang zu allen Zauberschulen bietet. Für diejenigen, die den Kampf bevorzugen, kann eine benutzerdefinierte Kriegerklasse die richtigen Attribute und Fähigkeiten verleihen.

- **Geburtszeichen**: Ihr Geburtszeichen bietet zusätzliche passive Vorteile. Beispielsweise steigert das Geburtszeichen des Magiers Ihre Magicka, während das Geburtszeichen des Kriegers Ihre Kampffähigkeiten steigert. Wählen Sie ein Geburtszeichen, das zu Ihrem gewünschten Spielstil passt.

Beginnt in Cyrodiil

Sobald Sie Ihren Charakter erstellt haben, beginnen Sie Ihre Reise im kaiserlichen Gefängnis. Nach der Flucht beginnt das eigentliche Abenteuer in Cyrodiil. Schon früh ist es wichtig, sich Zeit zu nehmen, die Welt zu erkunden und ein Gefühl dafür zu bekommen. Stürzen Sie sich nicht gleich in die Hauptquest — es gibt jede Menge Nebenquests, Gilden, denen Sie beitreten können, und verborgene Schätze, die es zu entdecken gilt.

Konzentrieren Sie sich darauf, Ihren Charakter zu verbessern, indem Sie kleinere Quests abschließen, Dungeons erkunden und Beute sammeln. Dadurch erhalten Sie eine solide Grundlage für die Bewältigung der anspruchsvolleren Bereiche im späteren Verlauf des Spiels. Wenn Sie sich nicht sicher sind, wohin Sie gehen sollen, versuchen Sie, frühzeitig einer der Gilden beizutreten, da diese strukturierte Quests anbieten, die Ihnen beim Levelaufstieg helfen und Ihnen Zugang zu einzigartigen Belohnungen verschaffen.

Verwalten Sie Ihren Lagerbestand sorgfältig. Die Spielwelt ist voll von wertvollen Gegenständen, aber Sie müssen die Menge an Gegenständen, die Sie bei sich tragen, ausbalancieren, um nicht überlastet zu werden. Gehen Sie strategisch vor, was Sie in Ihrem Inventar aufbewahren, und verkaufen Sie unerwünschte Gegenstände, um Gold zu verdienen.

Dieser Inhalt bietet eine detaillierte, einsteigerfreundliche Einführung in Oblivion Remastered und stellt sicher, dass neue Spieler über die Werkzeuge und Informationen verfügen, die sie benötigen, um ihr Abenteuer in Cyrodiil zu beginnen.

KAPITEL 1

ERSTE SCHRITTE

Erstellen Sie Ihren Charakter: Rasse, Klasse, Fähigkeiten und Geburtszeichen – welche Sie für Ihren bevorzugten Spielstil auswählen können

Mit The Elder Scrolls IV: Oblivion Remastered können Sie einen Charakter erstellen, der zu Ihrem bevorzugten Spielstil passt, vom hinterlistigen Attentäter bis zum mächtigen Krieger oder dem mächtigen Magier. Die Remastered Edition macht diesen Prozess mit aktualisierten Grafiken und flüssigeren Systemen noch intensiver. Der Prozess der Charaktererstellung bleibt jedoch äußerst wichtig, da er Ihr gesamtes Erlebnis in Cyrodiil prägt. In diesem Abschnitt führen wir Sie durch die wesentlichen Entscheidungen, die Sie treffen müssen, und wie sich diese Entscheidungen auf Ihr Gameplay auswirken.

Rasse: Ihr Erbe und Ihre Fähigkeiten

Die erste große Entscheidung, die Sie treffen, ist die Wahl der Rasse Ihres Charakters. Jede Rasse in Oblivion verfügt über einzigartige Boni und Fähigkeiten, die sich auf die Startwerte Ihres Charakters sowie auf seine Stärken und Schwächen im Laufe des Spiels auswirken. Hier ist eine Aufschlüsselung jedes Rennens und seiner Vorteile:

- **Bretonisch:** Bretonen sind bekannt für ihre starke Resistenz gegen Magie und ihre natürlichen Fähigkeiten im Umgang mit Zaubersprüchen und eignen sich hervorragend als Magier oder

Hybrid-Builds. Ihre Hochgeborenen-Fähigkeit regeneriert Magicka schnell und hilft ihnen, mehr Zauber in kürzerer Zeit zu wirken. Sie haben außerdem Boni auf Beschwörung, Mystik und Wiederherstellung.

- **Norden:** Robust und stark zeichnen sich Nord im physischen Kampf aus, insbesondere wenn sie Zweihandwaffen oder schwere Rüstungen verwenden. Ihr Widerstand gegen Frostmagie ist ein schöner Bonus für das Überleben in kälteren Gebieten und ihre Kriegerspezialisierung verschafft ihnen einen Vorteil im direkten Kampf. Nords sind perfekt für Spieler, die einen Charakter im klassischen Panzerstil wünschen.

- **Khajiit:** Die Katzenrasse der Khajiit bringt unübertroffene Beweglichkeit und Geschicklichkeit mit, was sie zur ultimativen Heimlichkeits- und Diebesrasse macht. Ihre Fähigkeit, im Dunkeln zu sehen (Nachtauge), ist eine große Hilfe beim Herumschleichen und ihre hohe Startgeschwindigkeit macht sie perfekt für Spieler, die sich auf Heimlichkeit oder Bogenschießen konzentrieren. Sie eignen sich hervorragend für Spieler, die Spaß an Hinterhältigen Angriffen oder Diebstählen haben.

- **Argonier:** Die Reptilien-Argonier sind von Natur aus geschickt darin, sich zu verstecken und zu schwimmen. Sie sind resistent gegen Krankheiten und Giftstoffe und eignen sich daher ideal für Abenteuer in der rauen Umgebung von Oblivion. Ihre hohen Ausdauer- und Beweglichkeitswerte ermöglichen es ihnen, starke Diebe, Krieger oder heimliche Attentäter zu sein. Die Histskin-Fähigkeit verleiht ihnen einmal täglich einen Heilungsschub, eine nützliche Eigenschaft in harten Kämpfen.

- **Dunkelelf (Dunmer):** Die Dunkelelfen sind eine Mischung aus Magie und Nahkampf und beherrschen sowohl den Umgang mit zerstörerischen Zaubersprüchen als auch mit Schwertern. Ihre hohen Starteigenschaften in Bezug auf Agilität und Intelligenz machen sie flexibel und vielseitig. Ihre Rassenfähigkeit, Zorn des Vorfahren, entfesselt einen feurigen Angriff auf Feinde in der Nähe, der sowohl für den Angriff als auch für die Verteidigung nützlich ist.

- **Hochelf (Altmer):** Hochelfen sind für ihre überlegenen magischen Fähigkeiten bekannt. Ihr erhöhter Magicka-Vorrat und ihre natürliche Fähigkeit in zerstörerischer Magie und Veränderungszaubern machen sie zu einer mächtigen Wahl für diejenigen, die die volle Kraft der Magie nutzen möchten. Allerdings sind sie körperlich schwächer, sodass sie für den Frontkampf weniger geeignet sind, sofern sie nicht durch magische Fähigkeiten ergänzt werden.

- **Waldelf (Bosmer):** Wenn Sie sich auf das Bogenschießen konzentrieren möchten, ist der Waldelf die beste Wahl. Ihre hohe Beweglichkeit, ihre Tarnfähigkeiten und ihre natürliche Affinität zum Bogenschießen machen sie zu außergewöhnlichen Jägern. Sie sind auch gut darin, zu schleichen und mit Bögen Feinde aus der Ferne auszuschalten.

- **Imperial:** Die imperiale Rasse verfügt über ein ausgewogenes Verhältnis zwischen physischen und magischen Fähigkeiten und ist vielseitig, was sie zu einer großartigen Wahl für jeden Spielstil macht. Sie zeichnen sich durch hervorragende Sprachkenntnisse aus und sind daher hervorragend im Tauschhandel und im Geldverdienen in Oblivion. Ihre Stimmkraft (Stimme des Kaisers) beruhigt Feinde, was bei der Navigation durch die Welt hilfreich sein kann.

Sobald Sie Ihre Rasse ausgewählt haben, müssen Sie sich auch für eine Klasse entscheiden. Während das Spiel vorgefertigte Klassen bietet (wie Krieger, Magier und Dieb), können Sie auch Ihre eigene benutzerdefinierte Klasse erstellen. Ihre Klassenauswahl definiert die primären Fähigkeiten Ihres Charakters, die zum Levelaufstieg und zum Erwerb von Fähigkeiten beitragen.

- **Krieger:** Diese Klasse eignet sich am besten für physische Kämpfe und ist auf das Kämpfen, Blocken und den Einsatz schwerer Rüstungen spezialisiert.

- **Magier:** Meister der Magie, spezialisiert auf Zerstörungs-, Veränderungs- und Wiederherstellungsmagie.

- **Dieb:** Hervorragend geeignet für Heimlichkeit, Diebstahl und Fernkampf, was sie ideal für hinterlistige Fernkämpfer macht.

Fähigkeiten und Geburtszeichen: Worauf Sie sich konzentrieren sollten

Ihre Fähigkeiten repräsentieren die spezifischen Stärken Ihres Charakters. Diese können mit Kampf (wie Schwert oder Bogenschießen), Magie (wie Zerstörung oder Wiederherstellung) oder Heimlichkeit (wie Schleichen oder Schlossknacken) zusammenhängen. Im Erstellungsbildschirm haben Sie die Möglichkeit, Haupt- und Nebenfähigkeiten auszuwählen, die Ihnen dabei helfen, die Entwicklung Ihres Charakters zu bestimmen. Konzentrieren Sie sich auf Fähigkeiten, die zu Ihrem Spielstil passen – wenn Sie beispielsweise ein Krieger sind, ist es ein kluger Schachzug, sich auf Fähigkeiten wie Klinge und Block zu konzentrieren.

Das Geburtszeichen ist eine weitere wichtige Wahl, die Ihnen während des Spiels einen passiven Vorteil verschafft. Zu den nützlicheren Geburtszeichen gehören:

- **Der Warrior**: Steigert Kraft und Kampffähigkeiten und hilft Ihnen im physischen Kampf.

- **Der Magier:** IErhöht die Magicka-Regeneration und hilft beim Zaubern.

- **Der Dieb**: Verbessert Ihre Tarnfähigkeiten und Ihr Glück, ideal für diejenigen, die sich durch die Welt schleichen möchten.

Jede dieser Entscheidungen hat erhebliche Auswirkungen auf Ihr Durchspielen von Oblivion.

Die Benutzeroberfläche verstehen: HUD, Menüs, Bestandsverwaltung

Die Benutzeroberfläche (UI) in Oblivion Remastered ist so konzipiert, dass der Spieler in die Spielwelt eintaucht und nur minimale Ablenkungen bietet, aber alle wesentlichen Informationen bereitstellt. Um das Spiel genießen und Quests effizient abschließen zu können, ist es wichtig zu verstehen, wie man auf der Benutzeroberfläche navigiert.

Das HUD (Heads-Up-Display):

Das HUD liefert die wichtigsten Informationen, die während des Spiels benötigt werden, ohne den Bildschirm zu überladen. Es umfasst die folgenden Elemente:

- **Gesundheit:** Wird als roter Balken unten links auf dem Bildschirm angezeigt. Wenn Ihre Gesundheit Null erreicht, stirbt Ihr Charakter.

- **Magicka:** Dieser wird durch einen blauen Balken dargestellt und zeigt die Menge an Magie an, die Ihnen noch zum Wirken von Zaubern zur Verfügung steht. Achten Sie im Kampf auf Ihren

Magicka-Einsatz.

- **Ausdauer**: Der gelbe Balken zeigt Ihre Ausdauer an. Laufen, Springen und Angriffe im Nahkampf verbrauchen Ausdauer. Um Erschöpfung im Kampf zu vermeiden, ist es wichtig, die Ausdauer zu kontrollieren.

Der Kompass oben auf dem Bildschirm zeigt Orte in der Nähe, Questmarkierungen und Feinde an. Es ist ein unschätzbares Werkzeug, um sich in der Welt von Cyrodiil zurechtzufinden und Quests abzuschließen.

Menüs und Bestandsverwaltung:

In Ihrem Inventar lagern Sie Waffen, Rüstungen, Tränke und andere Gegenstände. Es ist in verschiedene Abschnitte unterteilt, darunter:

- **Waffen:** EStatten Sie Ihren Charakter mit Schwertern, Äxten, Bögen und mehr aus.
- **Rüstung:** Passen Sie die Verteidigungsausrüstung Ihres Charakters individuell an und wählen Sie zwischen leichter und schwerer Rüstung.
- **Magie:** Bewahren Sie Ihre Zauber hier auf, damit Sie im Kampf leicht darauf zugreifen können.
- **Verschiedenes**: Gegenstände wie Zutaten für Alchemie, Bücher und Questgegenstände.

Sie können auf Ihr Inventar zugreifen, indem Sie auf die entsprechende Schaltfläche im Menü klicken. Durch die effektive Sortierung und Verwaltung Ihres Inventars vermeiden Sie eine Überlastung, die Ihren Charakter verlangsamen kann. Verkaufen Sie unerwünschte Gegenstände oder lassen Sie sie fallen, um Platz für wertvolle Beute zu schaffen.

Magie- und Journal-Menüs:

Im Zaubermenü können Sie Zauber auswählen und wirken. Es ist wichtig, Ihr Zauberbuch organisiert zu halten und häufig verwendete Zauber Hotkeys zuzuweisen, um den Zugriff zu erleichtern. Das Tagebuch verfolgt Ihre Quests und zeigt aktive Ziele, Orte und alle Notizen zu den von Ihnen durchgeführten Quests an.

Grundlegende Steuerung: Bewegungs-, Kampf-, Magie- und Stealth-Mechaniken erklärt

Die Steuerung in Oblivion Remastered ist intuitiv, bietet jedoch erfahrenen Spielern Tiefe. Egal, ob Sie die Wildnis erkunden oder sich auf hitzige Kämpfe einlassen, es ist entscheidend zu verstehen, wie Sie die Steuerung effektiv nutzen.

Bewegung:

Die Bewegung in Oblivion ist fließend, egal ob Sie gehen, laufen, schwimmen oder klettern. Mit dem linken Analogstick oder den WASD-Tasten steuern Sie die Richtung Ihres Charakters, während Sie mit dem linken Auslöser oder der Leertaste sprinten und dabei Ausdauer verbrauchen können.

Das Spiel bietet auch die Möglichkeit zu springen (was nützlich sein kann, um schwer zugängliche Gebiete zu erreichen) und in Gewässern zu schwimmen, sodass Spieler die Tiefen von Cyrodiil erkunden können. Um sich schnell durch große Gebiete zu bewegen, ist die Beherrschung von Karte und Kompass unerlässlich.

Kampfmechanik:

Der Kampf in Oblivion Remastered ist dynamisch und abwechslungsreich und ermöglicht es Ihnen, eine Vielzahl von Waffen und Magie einzusetzen und sich sogar an Feinde heranzuschleichen. Der rechte Auslöser oder die rechte Maustaste wird zum Angriff verwendet, während der linke Auslöser oder die rechte Maustaste zum Blocken von Angriffen verwendet wird. Das Timing ist entscheidend – halten Sie die Block-Taste gedrückt, um zu verteidigen, und legen Sie das Timing Ihrer Angriffe fest, um kritische Treffer zu landen.

Wenn Sie einen Bogen verwenden, können Sie die Feuertaste gedrückt halten, um die Sehne zu ziehen, und sie für einen kraftvolleren Schuss loslassen. Dies ist wichtig für Stealth-basierte Charaktere, die lieber auf Distanz bleiben.

Magie und Zauberei:

Das magische System ermöglicht es den Spielern, eine Vielzahl mächtiger Zaubersprüche zu wirken. Zauber werden in Schulen wie Zerstörung, Veränderung und Wiederherstellung unterteilt. Über das Zaubermenü können Sie Zaubersprüche auswählen, zuweisen und mit dem entsprechenden Hotkey wirken.

Achten Sie auf Ihren Magicka-Vorrat, der sich mit dem Wirken von Zaubern verringert. Sie müssen Ihre Zauberwirkung mit dem Kampf in Einklang bringen, um Ressourcen zu schonen. Einige Zauber, wie Heilung oder Beschwörung, erfordern mehr Magicka, also setzen Sie sie mit Bedacht ein.

Stealth-Mechanik:

Das Stealth-System ist eines der berühmtesten Features von Oblivion und für diejenigen, die einen Dieb- oder Attentätercharakter spielen, von entscheidender Bedeutung. Durch Schleichen (halten Sie die entsprechende Taste gedrückt) können Sie sich ducken und lautlos bewegen, sodass Sie leichter einer Entdeckung entgehen oder Schleichangriffe ausführen können. Mithilfe der Tarnung können Sie Gegenstände stehlen, NPCs stehlen und Feinde eliminieren, ohne dass diese jemals bemerken, dass Sie dort waren.

Durch die Nutzung von Deckung (z. B. Mauern oder Bäumen) erhöhen sich effektiv Ihre Chancen, verborgen zu bleiben. Bei Stealth-Kills bietet das Spiel eine filmische Tötungsanimation, die es zu einem Vergnügen macht, Feinde unbemerkt zu erledigen.

Erste Schritte in Cyrodiil: Das frühe Spiel – Aus dem kaiserlichen Gefängnis entkommen und Ihren Weg finden

Sobald Sie die Charaktererstellung abgeschlossen haben, beginnt Ihre Reise. Zu Beginn des Spiels befinden Sie sich im kaiserlichen Gefängnis. Hier werden Kaiser Uriel Septim und seine Wachen von mysteriösen Attentätern angegriffen, was zu Ihrer Flucht führt.

Flucht aus dem kaiserlichen Gefängnis:

Um Ihr Abenteuer zu beginnen, folgen Sie der kaiserlichen Garde, die Sie durch das Gefängnis führt. Nach einer dramatischen Flucht begeben Sie sich in die Wildnis, wo Sie mit der Erkundung von Cyrodiil beginnen können. Dies dient als erster Vorgeschmack auf die riesige Welt des Spiels und die Mechanismen der Erkundung.

Finden Sie Ihren Weg:

An diesem Punkt beginnt das Spiel. Sie können wählen, ob Sie der Hauptquest folgen, sich in Nebenquests vertiefen oder einfach die Welt erkunden möchten. Die ersten paar Quests führen Sie in die Systeme von Oblivion ein, beispielsweise in den Kampf und die Inventarverwaltung.

Ein guter Tipp ist, frühzeitig einer Gilde beizutreten, etwa der Kämpfergilde oder der Magiergilde, um strukturiertere Quests zu erhalten. Diese Gilden bieten eine hervorragende Möglichkeit, Ihren Charakter zu verbessern und Ihnen wichtige NPCs vorzustellen, die Sie durch die Welt führen.

KAPITEL 2

Kampfmechanik und -strategien

Kampfstile: Nahkampf, Fernkampf, Magie und Heimlichkeit

In Oblivion Remastered sind die Kampfmechaniken äußerst vielseitig und ermöglichen es den Spielern, je nach ihrem bevorzugten Spielstil aus einer Vielzahl von Kampfstilen zu wählen. Egal, ob Sie den direkten Nahkampf, die Präzision von Fernangriffen, die verheerende Kraft der Magie oder die Subtilität der Heimlichkeit bevorzugen, Oblivion Remastered bietet für jeden etwas. Lassen Sie uns tief in jeden dieser Kampfstile eintauchen, um Ihnen zu helfen, zu verstehen, wie Sie Ihre Effektivität in jedem dieser Stile maximieren können.

Nahkampf

Der Nahkampf in Oblivion ist vielleicht der einfachste und ideal für Spieler, die ihren Feinden ganz nah sein möchten. Beim Umgang mit einer Waffe im Nahkampf besteht das allgemeine Ziel darin, den Gegner mit körperlicher Gewalt zu überwältigen, sei es durch ein Schwert, eine Axt oder einen Streitkolben.

Nahkampfmechanik:
In der Remastered-Version wurden die Animationen für den Nahkampf geglättet, damit sich das Erlebnis flüssiger anfühlt. Sie können Ihre

Waffen schwingen, Angriffe abwehren und sogar Ihre Feinde mit gut getimten Treffern entwaffnen. Um effektiv zu kämpfen, müssen Sie auf Ihren Ausdauerbalken achten. Je mehr du schwingst und blockst, desto mehr Ausdauer verbrennst du. Wenn Ihre Ausdauer erschöpft ist, werden Ihre Angriffe langsamer und Sie sind anfälliger für feindliche Angriffe.

Waffentypen:

- **Schwerter:** Die ausgewogenste Waffe für den Nahkampf. Schwerter bieten mäßigen Schaden, gute Geschwindigkeit und eine gute Reichweite. Aufgrund ihrer Vielseitigkeit eignen sie sich sowohl für offensive als auch defensive Spielstile.

- **Streitkolben:** Streitkolben sind langsamer, verursachen aber mehr Schaden, insbesondere gegen schwer gepanzerte Gegner. Ihre Fähigkeit, einen Teil der gegnerischen Panzerung zu ignorieren, macht sie ideal für Panzergegner.

- **Äxte**: Äxte haben einen ähnlichen Schaden wie Streitkolben, haben aber tendenziell eine höhere Angriffsgeschwindigkeit. Sie sind wirksam gegen Feinde mit geringerer Rüstung, obwohl ihre Reichweite nicht so groß ist wie die von Schwertern.

Strategie:
Für Nahkämpfer kommt es darauf an, Ihre Ausdauer und Positionierung zu kontrollieren. Halten Sie Feinde auf überschaubare Distanz, weichen Sie bei Bedarf aus und zielen Sie auf kritische Angriffe auf ihre Schwachstellen (wie den Kopf oder ungeschützte Bereiche). Wenn Sie von Feinden überschwemmt werden, ist es wichtig, die Umgebung zu Ihrem Vorteil zu nutzen, indem Sie sie in Engpässe führen oder natürliche Barrieren als Deckung nutzen.

Fernkampf

Im Fernkampf können Spieler aus der Ferne kämpfen und mit Bögen oder Armbrüsten Schaden anrichten, ohne mitten in den Kampf einzugreifen. Es ist eine ideale Wahl für Spieler, die lieber aus der Ferne zuschlagen und gleichzeitig ihre Feinde auf Distanz halten.

Fernkampfmechanik:

Der Fernkampf funktioniert, indem Sie Ihre Waffe ziehen, auf Ihr Ziel zielen und loslassen, um zu schießen. Je länger Sie die Sehne oder Armbrust spannen, desto kraftvoller wird der Schuss, aber Sie verbrauchen dabei auch mehr Ausdauer. Der Fernkampf ist äußerst effektiv, um Feinde auszuschalten, bevor sie Sie erreichen können. Daher ist er eine ausgezeichnete Wahl für diejenigen, die das Risiko eines Treffers vermeiden möchten.

Waffentypen:

- **Bögen**: Die primäre Fernkampfwaffe in Oblivion Remastered. Bögen haben eine hervorragende Reichweite und können schnell abgefeuert werden, insbesondere mit den richtigen Extras. Bögen eignen sich hervorragend für Überraschungsangriffe und sind besonders nützlich, um Feinde aus der Ferne auszuschalten, bevor sie überhaupt bemerken, dass Sie da sind. Sie verfügen außerdem über eine große Auswahl an Pfeilen, beispielsweise Gift- oder Feuerpfeile, die Ihnen beim Umgang mit verschiedenen Arten von Feinden helfen können.

- **Armbrüste**: Armbrüste verursachen mehr Schaden als normale Bögen, haben aber eine langsamere Feuerrate. Sie sind ideal für schwere Treffer und verursachen großen Schaden auf Kosten der Schussgeschwindigkeit. Armbrüste machen dies jedoch durch rohen Schaden und Genauigkeit wett.

Strategie:

Fernkämpfe erfordern Präzision und Timing. Es geht nicht nur darum, Pfeile abzufeuern, sondern auch darum, sich so zu positionieren, dass man einen Vorteil hat. Suchen Sie immer nach einer Anhöhe, die Ihre Genauigkeit erhöht und es für Feinde schwieriger macht, Sie zu erreichen. Darüber hinaus können Sie verschiedene Arten von Pfeilen herstellen oder kaufen, um die Schwächen des Feindes auszunutzen, z. B. Feuerpfeile gegen feuerschwache Feinde oder vergiftete Pfeile für langfristigen Schaden.

Magischer Kampf

Der magische Kampf in Oblivion Remastered ist eine kraftvolle und dynamische Möglichkeit, mit Feinden umzugehen. Das Spiel bietet eine große Auswahl an Zaubersprüchen, die jeweils einer von mehreren verschiedenen Zauberschulen angehören. Magie kann sowohl offensiv als auch defensiv eingesetzt werden, was sie zu einer vielseitigen Kampfoption macht.

Magische Mechanik:

Um einen Zauber zu wirken, musst du ihn zunächst aus deinem Zaubermenü ausrüsten. Sie können es dann durch Drücken des entsprechenden Hotkeys wirken. Jeder Zauber hat Magicka-Kosten, und wenn Ihnen die Magicka ausgeht, können Sie keine Zauber wirken, bis sich Ihre Reserve regeneriert hat. Timing und Strategie sind entscheidend, da Sie sowohl Ihren Magicka-Vorrat als auch Ihre Kampfposition verwalten müssen.

Zauberschulen:

- **Zerstörung**: Offensive Magie, die sich auf das Verursachen von Schaden konzentriert. Feuer-, Eis- und Blitzzauber sind das A und O der Zerstörungsmagie und ideal, um Feinde aus der Ferne anzugreifen.

- **Wiederherstellung:** Hauptsächlich auf Heilung und Verteidigung ausgerichtet. Wiederherstellungszauber können Ihre Gesundheit heilen und Stärkungen verleihen, beispielsweise Widerstand gegen bestimmte Schadensarten. Heilzauber sind unerlässlich, um sich in langen Kämpfen zu behaupten.

- **Änderung:** Verändert die Umgebung oder sorgt für persönliche Buffs. In diese Kategorie fallen Zaubersprüche wie „Schild" und „Lähmen", die dabei helfen können, das Schlachtfeld zu kontrollieren oder dich vor Schaden zu schützen.

- **Beschwörung:** Beschwört Kreaturen, die dir im Kampf helfen. Beschworene Kreaturen können dabei helfen, Schaden anzurichten oder mit Feinden fertig zu werden, sodass Sie in schwierigen Begegnungen die Oberhand gewinnen.

- **Illusion:** Konzentriert sich auf die Kontrolle des Geistes anderer. Mit Angst-, Unsichtbarkeits- und Zaubersprüchen können Sie Feinde manipulieren und sie dazu bringen, zu fliehen, Ihnen zu folgen oder Sie ganz zu ignorieren.

- **Mystik:** Befasst sich mit der Manipulation der physischen und metaphysischen Welt. Zaubersprüche wie Absorption und Telekinese gehören zu dieser Schule und ermöglichen es Ihnen, Ihre Umgebung zu kontrollieren oder Ihrem Gegner die Lebenskraft zu entziehen.

Strategie:
Der magische Kampf gelingt am besten, wenn er mit anderen Kampfstilen kombiniert wird. Verwenden Sie beispielsweise Zerstörungszauber, um einen Feind aus der Ferne zu schwächen, und greifen Sie ihn dann im Nahkampf an, um ihn zu töten. Sie können im Kampf auch Wiederherstellungszauber verwenden, um sich selbst zu heilen, oder Veränderungszauber, um sich vor mächtigen Angriffen zu

schützen. Denken Sie immer daran, dass Magicka eine endliche Ressource ist und daher ein sorgfältiger Umgang mit ihr unerlässlich ist. Achten Sie auf die Umgebung und Ihre Umgebung, da Zauber durch Strukturen oder Umwelteinflüsse blockiert werden können.

Stealth-Kampf

Stealth ist ein einzigartiger und äußerst effektiver Kampfstil, insbesondere für Spieler, die gerne strategisch vorgehen und direkte Konfrontationen vermeiden. Im Stealth-Kampf geht es darum, sich an Feinde heranzuschleichen, die Umgebung als Deckung zu nutzen und zuzuschlagen, wenn der richtige Zeitpunkt gekommen ist. Heimliche Charaktere zeichnen sich dadurch aus, dass sie Schaden verursachen, ohne ihre Feinde zu alarmieren.

Stealth-Mechanik:
Stealth funktioniert, indem man sich duckt, um Geräusche zu reduzieren und sich langsam zu bewegen, wodurch es für Feinde schwieriger wird, Sie zu erkennen. Im Stealth-Modus können Sie nah an Feinde heranrücken und hinterhältige Angriffe ausführen, die massiven Schaden verursachen. Stealth-Kämpfe erfordern jedoch Geduld und Präzision, denn wenn Sie zu nahe kommen oder zu viel Lärm machen, wird Ihr Ziel alarmiert.

Schlüsselfähigkeiten:

- **Schleichen**: Die Hauptfähigkeit für den Stealth-Kampf. Wenn Sie Ihre Schleichfähigkeit verbessern, verringert sich Ihre Sichtbarkeit und es wird für Feinde schwieriger, Sie zu erkennen.

- **Rückenstich**: Schleichangriffe von hinten verursachen massiven Schaden. Wenn Sie hinter einem Feind und nah genug dran sind, können Sie einen kritischen Schlag ausführen, der Feinde oft sofort tötet.

- **Taschendiebstahl und Schlossknacken:** Mit diesen Fähigkeiten können Sie Gegenstände von NPCs plündern, ohne dass diese es bemerken, und Truhen oder Türen öffnen, ohne Schlüssel zu verwenden.

Strategie:
Um im Stealth-Kampf erfolgreich zu sein, lernen Sie die Anordnung der einzelnen Bereiche kennen. Nutzen Sie die Umgebung zu Ihrem Vorteil – verstecken Sie sich hinter Mauern, Bäumen oder anderen Strukturen, um ungesehen zu bleiben. Vermeiden Sie nach Möglichkeit Kämpfe, schleichen Sie sich heimlich an Feinden vorbei und heben Sie sich Ihre Angriffe in den Rücken auf, wenn Sie Ziele mit hoher Priorität schnell eliminieren müssen. Erwägen Sie die Verwendung von Zaubersprüchen wie „Unsichtbarkeit" oder „Nachtauge", um Ihre Tarntaktiken zu unterstützen. Und denken Sie daran, ein guter Stealth-Charakter hat für Notfälle immer ein paar Dietriche und Tränke dabei!

Waffen: Eine umfassende Liste aller Waffen im Spiel, einschließlich Statistiken, Verwendungstipps und besten Waffen für bestimmte Builds

Oblivion Remastered bietet eine große Auswahl an Waffen für jeden Kampfstil, von leichten Dolchen bis hin zu massiven Kriegshämmern. Jede Waffe hat ihre eigenen Werte und Verwendungstipps. Daher ist es wichtig zu verstehen, wie man sie am besten einsetzt.

- **Schwerter:** Ideal für ausgeglichene Charaktere, bietet eine gute Mischung aus Geschwindigkeit und Schaden. Ideal für Spieler, die einen flüssigen Kampfstil mögen.

- **Äxte:** Langsamer, aber schädlicher als Schwerter. Perfekt für Spieler, die mit jedem Schlag hohen Schaden anrichten möchten, insbesondere gegen schwer gepanzerte Gegner.

- **Streitkolben:** Mächtige Waffen, die großen Schaden anrichten und besonders effektiv gegen Feinde mit hoher Panzerung sind, was sie ideal für Tank-Gegner macht.

- **Bögen:** Hervorragend geeignet für Fernangriffe. Bögen ermöglichen einen präzisen Kampf aus der Ferne, wobei spezielle Pfeile zusätzlichen Nutzen bieten, z. B. Feuer oder Gift.

- **Dolch:** Schnell und tödlich in den Händen eines heimlichen Charakters. Hervorragend geeignet, um hintergangen zu werden und schnelle, kraftvolle Schläge auszuführen, ohne aufzufallen.

Die beste Waffe für Ihren Build hängt von Ihrem Spielstil ab. Für heimliche Spieler ist ein Dolch oder Bogen ideal. Für starke Krieger ist ein Schwert oder ein Streitkolben am besten geeignet. Magieanwender bevorzugen möglicherweise Stäbe, die Magie mit Nahkampf kombinieren.

Rüstung und Schutz: Die besten Rüstungssets und Schilde und wie sie sich auf den Kampf auswirken

Rüstung spielt in Oblivion Remastered eine entscheidende Rolle, indem sie Sie vor Schaden schützt und gleichzeitig verschiedene Spielstile ermöglicht. Im Spiel gibt es hauptsächlich zwei Arten von Rüstungen: leichte Rüstungen und schwere Rüstungen.

- **Leichte Rüstung**: Bietet mehr Mobilität und Geschwindigkeit, aber weniger Schutz als schwere Panzerung. Am besten für heimliche Charaktere geeignet, die flink bleiben und vermeiden müssen, überlastet zu werden.

- **Schwere Rüstung:** Bietet eine überlegene Verteidigung gegen physischen Schaden, verringert jedoch Ihre Mobilität. Ideal für Tank-Builds, die sich darauf konzentrieren, Schaden zu absorbieren, anstatt ihn zu vermeiden.

Schilde spielen auch eine wichtige Rolle beim Blockieren feindlicher Angriffe und werden am besten mit einem Schwert oder einem Streitkolben für defensive Spielstile verwendet.

Kampfbewegungen und Kombos: Wie man Angriffe verkettet, Spezialbewegungen für jede Waffenklasse und die besten Kombos

Um den Kampf in Oblivion Remastered zu meistern, müssen Sie lernen, Angriffe zu verketten, Spezialbewegungen einzusetzen und Combos für maximalen Schaden zu erstellen. Jeder Waffentyp verfügt über seine eigenen, einzigartigen Kombinationsfähigkeiten und die Beherrschung dieser Fähigkeiten kann im Kampf das Blatt wenden.

Das Schwert ermöglicht beispielsweise schnelle, kontinuierliche Angriffe, während der Streitkolben gezieltere, langsamere Schläge erfordert, die mehr Schaden verursachen. Wenn Magie mit Nah- oder Fernkampf kombiniert wird, fügt sie eine Strategieebene hinzu, die dabei helfen kann, mit mehreren Feinden umzugehen. Stealth hingegen belohnt Präzision und sorgfältiges Timing, wobei Backstabs Ihrem Ziel verheerende Combos liefern.

Schlösser knacken und Stealth-Mechaniken: Tipps für Schleichen, Taschendiebstahl und Stealth-Kills

In Oblivion Remastered ermöglicht Ihnen die Stealth-Mechanik, direkte Konfrontationen zu vermeiden, was Ihnen den Vorteil verschafft, ohne Vorwarnung zuzuschlagen. Egal, ob Sie lieber durch Dungeons schleichen, NPCs stehlen oder tödliche Stealth-Kills ausführen, die Beherrschung dieser Mechaniken macht Sie zu einem effektiven Dieb oder Attentäter. Lassen Sie uns untersuchen, wie Sie Ihr Stealth-Potenzial im Spiel maximieren können.

Schleichen

Das Schleichen ist das Herzstück jedes Stealth-Charakters in Oblivion Remastered. Indem Sie die Sneak-Taste gedrückt halten, verringern Sie Ihre Sichtbarkeit für Feinde und können sich so unentdeckt durch Gebiete bewegen. Der Schlüssel zum effektiven Schleichen sind Geduld und Timing. Wenn Sie sich zu schnell bewegen oder auf Hindernisse stoßen, erhöht sich Ihr Geräuschpegel und Feinde werden Sie bemerken.

Tipps für effektives Sneaken:

- **Bleiben Sie niedrig:** Gehen Sie beim Schleichen tief auf den Boden. Je näher Sie am Boden sind, desto weniger sind Sie für Feinde sichtbar.

- **Benutze Schatten:** Positionieren Sie sich in dunkleren Bereichen, z. B. in Ecken oder hinter Hindernissen, um Ihre Sichtbarkeit weiter einzuschränken. Die Beleuchtung spielt eine große Rolle dabei, wie gut Sie erkennbar sind. Nutzen Sie daher Schatten zu Ihrem Vorteil.

- **Beobachten Sie feindliche Muster:** Die meisten NPCs und Feinde folgen einem vorhersehbaren Muster. Nehmen Sie sich Zeit, ihre Bewegungen zu beobachten, bevor Sie entscheiden, wann Sie sich vorbeischleichen oder einen Stealth-Kill ausführen. Geduld ist der Schlüssel.

- **Geschwindigkeitskontrolle:** Bewegen Sie sich langsam, um nicht entdeckt zu werden, aber achten Sie auch auf Ihre Ausdauer. Durch Sprinten und Schleichen können Sie erkannt werden. Bewegen Sie sich also in einem Tempo, das Sie im Stealth-Modus hält, ohne dass Ihnen die Ausdauer ausgeht.

Taschendiebstahl

Taschendiebstahl ist eine nützliche Fähigkeit, die es dir ermöglicht, wertvolle Gegenstände oder Gold von NPCs zu stehlen, ohne dass diese es wissen. Um einen Taschendiebstahl durchzuführen, müssen Sie sich im Schleichmodus befinden und sich dem Ziel vorsichtig nähern.

Tipps zum Taschendiebstahl:

- **Ausrichtung:** Gehen Sie von hinten auf NPCs zu, um Ihre Chancen auf einen erfolgreichen Taschendiebstahl zu erhöhen. Das Spiel zeigt eine Aufforderung zum Taschendiebstahl an, wenn Sie nah genug am Ziel sind.

- **Diebstahl hochwertiger Gegenstände**: Einige NPCs tragen wichtige Gegenstände bei sich, etwa Schlüssel für verschlossene Türen oder besondere Artefakte. Machen Sie sich dies zunutze, indem Sie diese Gegenstände stehlen, was Ihnen neue Gebiete oder Quests eröffnen kann.

- **Vorsichtiger Ansatz**: Achten Sie darauf, Ihrem Ziel nicht zu nahe zu kommen oder sich zu schnell zu bewegen, während Sie versuchen zu stehlen. Wenn ein NPC sieht, dass du versuchst, ihn auszustehlen, wird deine Beziehung zu ihm leiden und er könnte dich sogar angreifen.

Verbesserung der Taschendiebstahlfähigkeit:

- Je höher Ihre Fähigkeit als Taschendieb ist, desto besser sind Ihre Erfolgschancen. Um diese Fertigkeit zu verbessern, üben Sie, indem Sie von weniger verdächtigen Zielen stehlen, oder nutzen Sie den Taschendieb-Vorteil, um Ihre Chancen auf einen erfolgreichen Diebstahl zu erhöhen.

Stealth-Kills

Stealth-Kills sind einer der befriedigendsten Aspekte des Stealth-Kampfes in Oblivion Remastered. Wenn Sie sich im Schleichmodus befinden und sich einem Feind von hinten nähern, können Sie einen Rückenstich ausführen, der erheblichen Schaden verursacht und den Feind oft sofort tötet.

Tipps für Stealth-Kills:

- **Annäherung an das Ziel:** Bleiben Sie außer Sichtweite, während Sie sich hinter Ihren Feind schleichen. Sobald Sie sich in Reichweite befinden, wird die Eingabeaufforderung „Backstab" angezeigt. Stellen Sie sicher, dass der Feind Sie nicht entdeckt, bevor Sie zuschlagen.

- **Benutze Stillezauber:** Wenn Sie es mit Feinden mit hoher Wahrnehmung zu tun haben oder sich in Gebieten befinden, in denen viele Wachen patrouillieren, können Ihnen Unsichtbarkeits- oder Stillezauber die Oberhand verschaffen. Diese Zauber verringern die Wahrscheinlichkeit, bei heimlichen Kills entdeckt zu werden.

- **Kraftangriffe:** Wenn Sie einen Stealth-Kill ausführen, verwenden Sie Kraftangriffe, um maximalen Schaden zu verursachen. Dadurch wird sichergestellt, dass der Feind eliminiert wird, bevor er eine Chance zum Gegenschlag hat.

Stealth-Kills eignen sich perfekt, um Ziele mit hoher Priorität zu eliminieren, ohne andere Feinde zu alarmieren, insbesondere in Dungeons oder bei Raubüberfällen. Mit der richtigen Vorbereitung und

dem richtigen Timing können Sie Bereiche mit minimalem Risiko
räumen.

Magicka & Zauberei: Zauberschulen, Zauberkunst und fortgeschrittene Techniken verstehen

Magie ist eines der mächtigsten Werkzeuge in Oblivion Remastered und
bietet eine breite Palette an Effekten, die Ihnen im Kampf, bei der
Erkundung und sogar im Dialog einen Vorteil verschaffen können. Das
Spiel bietet mehrere Zauberschulen, jede mit ihren eigenen einzigartigen
Fähigkeiten und Strategien. Lassen Sie uns erklären, wie Sie Magie
beherrschen und sie in verschiedenen Situationen effektiv einsetzen
können.

Zauberschulen

In Oblivion Remastered gibt es mehrere Magieschulen, von denen jede
einen anderen Aspekt des Gameplays abdeckt. Wenn Sie diese Schulen
verstehen, können Sie Ihre Zaubersprüche an Ihren bevorzugten Stil
anpassen, unabhängig davon, ob Sie ein zerstörerischer Magier, ein
unterstützender Heiler oder ein Manipulator der Realität sind.

1. **Zerstörungsmagie:**

   o **Zweck**: Fügt Feinden durch Elementarkräfte wie Feuer,
   Eis und Blitz Schaden zu.

   o **Schlüsselzauber:** Feuerball, Eissturm, Blitz.

   o **Strategie:** Bei der Zerstörung geht es vor allem um
   Angriff. Wirke mächtige Zaubersprüche, um Feinde aus
   der Ferne auszuschalten, bevor sie dich erreichen
   können. Zerstörungszauber eignen sich am besten für

direkte Konfrontationen oder Fernangriffe.

2. Wiederherstellungsmagie:

- ○ **Zweck**: Heilt Wunden, beseitigt Krankheiten und stärkt deine Verteidigung.

- ○ **Schlüsselzauber**: Heilung, Krankheit heilen, Schild.

- ○ **Strategie**: Nutze Wiederherstellungsmagie, um in langen Schlachten am Leben zu bleiben. Halten Sie immer Heilzauber in Ihrem Arsenal und nutzen Sie unbedingt Verteidigungszauber, um Schaden zu absorbieren, insbesondere in Bosskämpfen.

3. Veränderungsmagie:

- ○ **Zweck**: Verändert die physische Welt und verbessert Ihre eigenen Fähigkeiten.

- ○ **Schlüsselzauber**: Schild, Feder, offenes Schloss.

- ○ **Strategie**: Veränderungszauber sind defensiv oder nützlich. Benutze „Schild", um dich zu schützen, und „Öffne das Schloss", um Truhen und Türen zu öffnen. Feather ist nützlich, um Ihr Tragegewicht zu kontrollieren und sicherzustellen, dass Sie nicht überlastet werden.

4. Beschwörungsmagie:
- **Zweck**: Beschwört Kreaturen, die dir helfen, oder bindet Seelen an deinen Willen.
- **Schlüsselzauber:** Beschwöre Daedra, gebundenes Schwert.

- **Strategie**: Das Beschwören von Kreaturen kann das Blatt im Kampf wenden, indem es dir Verbündete liefert, die Schaden einstecken und für dich kämpfen können. „Gebundenes Schwert" ist ein nützlicher Zauber für Spieler, die eine magische Waffe bevorzugen, insbesondere an schwierigen Stellen.

5. Illusionsmagie:

- **Zweck**: Manipuliert den Geist anderer und verursacht Angst, Charme oder Verwirrung.
- **Schlüsselzauber**: Unsichtbarkeit, Charme, Angst.
- **Strategie**: Benutze Illusionszauber, um das Schlachtfeld zu kontrollieren. Unsichtbarkeit ermöglicht es Ihnen beispielsweise, sich an Feinden vorbeizuschleichen, während Angst dazu führen kann, dass sich Gruppen von Feinden zerstreuen, sodass Sie sie einen nach dem anderen erledigen können.

6. Mystik-Magie:

- **Zweck**: Behandelt die Manipulation der metaphysischen Welt, wie Teleportation und Seelenfang.
- **Schlüsselzauber**: Seelenfalle, Telekinese, Gesundheit absorbieren.
- **Strategie**: Mystik kann unglaublich vielseitig sein und es Ihnen ermöglichen, Ihre Umgebung zu manipulieren oder die Gesundheit wiederherzustellen. Soul Trap ist von unschätzbarem Wert für das Sammeln von Seelen zum Verzaubern, während Telekinese es Ihnen ermöglicht, Gegenstände aus der Ferne zu ergreifen.

Zauberherstellung

Die Zaubererstellung in Oblivion Remastered ist ein leistungsstarkes Tool, mit dem Sie benutzerdefinierte Zauber erstellen können, die auf Ihre Bedürfnisse zugeschnitten sind. Durch die Verwendung des Zauberaltars in der Magiergilde können Sie verschiedene Effekte verschiedener Magieschulen in einem Zauber kombinieren. Sie können beispielsweise einen Zauber erschaffen, der Feinden Schaden zufügt und Sie gleichzeitig heilt, indem er Zerstörungs- und Wiederherstellungsmagie kombiniert. Diese Vielseitigkeit ermöglicht kreativere Zauberstrategien.

Fortgeschrittene Techniken

Fortgeschrittene magische Techniken erfordern ein sorgfältiges Magicka-Management und den strategischen Einsatz der verschiedenen Magieschulen. Zu den wirkungsvollsten Techniken gehören:

- **Combo-Zaubers**: Die Kombination verschiedener Zaubersprüche in schneller Folge kann Feinde überwältigen. Wenn Sie beispielsweise eine beschworene Kreatur wirken und dann Zerstörungsmagie auf Ihr Ziel anwenden, erhalten Sie sowohl einen Verbündeten als auch eine Möglichkeit, gleichzeitig Schaden zu verursachen.

- **Magicka-Management**: Behalte deinen Magicka-Riegel immer im Auge. Wenn Ihnen mitten im Kampf die Magicka ausgeht, können Sie verwundbar werden, daher ist es wichtig, Angriffs- und Verteidigungszauber auszubalancieren. Wiederherstellungszauber oder die Verwendung von Magicka-Tränken können Ihre Energie in harten Schlachten schnell wiederherstellen.

- **Umweltzauber**: Bestimmte Zauber können die Umgebung manipulieren, z. B. „Levitieren" oder „Sturmatronach beschwören". Diese Arten von Zaubersprüchen können in bestimmten Situationen bahnbrechend sein und es Ihnen ermöglichen, die Oberhand zu gewinnen, indem Sie Ihre Umgebung kontrollieren.

Kampftaktiken und -strategie: Konfrontation mit großen Gruppen, Solo-Bosskämpfe und Strategien zum Besiegen verschiedener Arten von Feinden

In Oblivion Remastered geht es beim Kampf nicht nur um schnelle Reflexe; Es geht darum, die richtigen Strategien für verschiedene Arten von Schlachten zu verwenden. Ganz gleich, ob Sie großen Gruppen von Feinden gegenüberstehen oder einen harten Boss alleine besiegen: Wenn Sie wissen, wie Sie diese Herausforderungen angehen, werden Sie erfolgreich sein.

Sich großen Gruppen von Feinden stellen

Wenn Sie mit mehreren Feinden konfrontiert werden, sei es in einem Dungeon oder auf dem offenen Feld, ist die richtige Positionierung der Schlüssel zum Erfolg. Massenkontrollzauber wie „Furcht" (Illusion) können Ihnen dabei helfen, große Gruppen aufzulösen, sodass sich die Feinde zerstreuen und Sie sie einen nach dem anderen erledigen können.

Eine weitere effektive Strategie besteht darin, Flächenwirkungszauber (AoE) aus der Zerstörungsschule wie Feuerball oder Blitzsturm zu verwenden, um mehreren Feinden gleichzeitig Schaden zuzufügen. Diese Zauber sind besonders nützlich in großen Schlachten, in denen Sie die Anzahl der Feinde schnell reduzieren müssen.

Sie können die Umgebung auch zu Ihrem Vorteil nutzen, indem Sie Feinde in Engpässe oder enge Korridore führen, wo ihre Anzahl weniger eine Bedrohung darstellt. Das Beschwören von Kreaturen aus der Beschwörungsschule hilft in diesen Szenarien auch, da beschworene Kreaturen Feinde ablenken können, während Sie sie aus der Ferne oder von hinten bekämpfen.

Solo-Bosskämpfe

Bosskämpfe in Oblivion Remastered können aufgrund ihrer hohen Lebenspunkte und verheerenden Angriffe eine unglaubliche Herausforderung sein. Der Schlüssel zum Überleben dieser Begegnungen ist die Vorbereitung.

Stellen Sie vor dem Kampf sicher, dass Sie über Heiltränke, Stärkungszauber und magische Resistenzen (von Veränderungszaubern wie Schild oder Schutz) verfügen. Es ist auch ratsam, Verbündete herbeigerufen zu haben, die während des Kampfes als Ablenkung oder Schadensverursacher dienen. Beschworene Kreaturen sind oft für das Tanken von Schaden unerlässlich und geben Ihnen die Zeit und den Raum, die Sie brauchen, um Angriffs- oder Heilzauber zu wirken.

Halten Sie während des Kampfes nach Möglichkeit Abstand. Verwenden Sie Zerstörungszauber, um aus der Ferne anzugreifen, aber achten Sie unbedingt auf Ihre Magicka. Das Timing von Wiederherstellungszaubern oder Heiltränken ist entscheidend, um längere Schlachten zu überleben.

Strategien für verschiedene Arten von Feinden

Jeder Feindtyp in Oblivion Remastered hat seine eigenen Schwächen und Stärken. Beispielsweise sind untote Feinde anfällig für Feuer- oder Untotenzauber aus der Schule der Wiederherstellung. Ebenso sind gepanzerte Gegner anfälliger für stumpfen Schaden, was Streitkolben zu einer guten Waffenwahl macht.

Drachen und Daedra sind furchterregende Feinde, die sorgfältige Planung erfordern. Zielen Sie immer auf ihre Schwachstellen, wie zum Beispiel ihren Kopf, und nutzen Sie Elementarzauber, um ihre Schwachstellen auszunutzen.

Diese Kampftaktiken und -strategien werden Ihnen helfen, die Herausforderungen von Oblivion Remastered souverän zu meistern, egal ob Sie Magie, Heimlichkeit oder rohe Gewalt bevorzugen, um Ihre Feinde zu besiegen. Durch die Kombination dieser Strategien mit dem von Ihnen gewählten Spielstil stellen Sie sicher, dass kein Kampf zu hart ist, um ihn zu gewinnen.

KAPITEL 3

CHARAKTERAUFBAU UND FORTSCHRITT

Beste Charakter-Builds für verschiedene Spielstile

In Oblivion Remastered bestimmt Ihr Charakteraufbau, wie Sie an das Spiel herangehen. Ganz gleich, ob Sie es vorziehen, an Feinden vorbeizuschleichen, zerstörerische Zauber zu wirken oder mit einem riesigen Schwert in die Schlacht zu stürmen, der richtige Charakteraufbau ist entscheidend, um Ihre Effektivität und Ihren Spielspaß zu maximieren. Das Spiel bietet zahlreiche Optionen zur Charakteranpassung. Daher ist es wichtig zu verstehen, wie man einen Build entwickelt, der zum gewählten Spielstil passt. In diesem Abschnitt werden wir vier Kern-Builds untersuchen: Stealth/Assassine, Tank/Kämpfer, Magier/Zauberer und Hybrid-Builds. Jeder dieser Builds bietet eine andere Herangehensweise an Kampf und Erkundung, sodass Sie Ihr Erlebnis an Ihre Vorlieben anpassen können.

Stealth/Assassinen-Build

Der Stealth/Assassin-Build ist für Spieler konzipiert, die direkte Konfrontationen lieber vermeiden und Feinde lautlos eliminieren möchten. Dieser Spielstil konzentriert sich auf hinterhältige Angriffe, Hinterhältigkeit, Taschendiebstahl und die Nutzung der Umgebung zu Ihrem Vorteil. Wenn Sie gerne im Schatten bleiben und tödliche Angriffe ausführen, wenn niemand zusieht, ist dies der richtige Build für Sie.

Attribute und Fähigkeiten

Für den Stealth/Assassin-Build sollten sich Ihre Hauptattribute auf Beweglichkeit und Ausdauer konzentrieren, während Geschwindigkeit ebenfalls von entscheidender Bedeutung ist. Diese Attribute erhöhen Ihre Bewegungsgeschwindigkeit und Ihre Fähigkeit, einer Entdeckung zu entgehen, wodurch es einfacher wird, sich an Feinden vorbeizuschleichen und schnelle Angriffe auszuführen. Glück ist ein weiteres nützliches Attribut, da es bei Tarnung und kritischen Treffern hilft.

Zu Ihren Hauptfähigkeiten für diesen Build gehören:

- **Schleichen**: Das ist dein Brot und Butter. Mit zunehmender Sneak-Stufe wird es schwieriger, Sie zu erkennen, und Ihr Stichschaden erhöht sich, sodass Sie Feinde schnell und lautlos ausschalten können.

- **Sicherheit**: Diese Fähigkeit hilft beim Öffnen von Schlössern und beim Entschärfen von Fallen. Es ist wichtig, um an verschlossene Truhen und Türen zu gelangen und versteckte Gefahren zu vermeiden.

- **Klinge:** Obwohl Sie für Stealth-Angriffe wahrscheinlich einen Dolch oder ein Schwert verwenden werden, ist die Fähigkeit „Klinge" erforderlich, um Ihren Schaden zu maximieren, wenn Sie zuschlagen.

- **Schütze:** Wenn Sie den Fernkampf bevorzugen, ist Scharfschütze Ihre erste Wahl für den Umgang mit Bögen. Beim Bogenschießen können Sie Feinde aus der Ferne ausschalten, bevor diese überhaupt bemerken, dass Sie da sind.

- **Alchimie:** Diese Fertigkeit ist unglaublich nützlich, um Gifte und Heiltränke herzustellen und Ihren Charakter während Missionen zu stärken. Sie können Ihre Waffen vergiften oder Tränke herstellen, um Ihre Tarn- oder Kampffähigkeiten zu verbessern.

Geburtszeichen und Klasse

Für Ihr Geburtszeichen ist der Dieb eine natürliche Wahl, da er Ihre Beweglichkeit, Ihr Glück und Ihre kritische Trefferchance erhöht, was den Stealth/Assassinen-Spielstil ergänzt. Es gibt Ihnen außerdem einen Bonus auf Ihre Schleichfähigkeit, die wichtig ist, um sich unentdeckt fortzubewegen.

Bei Ihrer Klasse handelt es sich in der Regel um einen benutzerdefinierten Build, der sich auf Stealth als primäres Attribut konzentriert. Möglicherweise möchten Sie eine Kombination aus Dieb-, Assassinen- oder sogar Nachtklingenklassen einbeziehen, um Ihre Schleich-, Dieb- und Kampffähigkeiten zu verbessern.

Strategie & Tipps

Beim Spielen eines Stealth/Assassin-Builds liegt der Schlüssel zum Erfolg in Geduld und Beobachtung. Nehmen Sie sich immer die Zeit, die Patrouillenmuster des Feindes zu beobachten, bevor Sie sich auf den Kampf einlassen. Vermeiden Sie direkte Konfrontationen, indem Sie im Schatten bleiben und Unsichtbarkeits- oder Nachtaugenzauber verwenden, um verborgen zu bleiben. Hinterhältiges Stechen ist Ihre ultimative Waffe – sobald Sie sich hinter einem Feind befinden, können Sie mit dem Hinterhältigen Angriff verheerenden Schaden anrichten und ihn eliminieren, bevor er überhaupt Zeit zum Reagieren hat.

Verbessere deine Sneak-Fähigkeit zu Beginn des Spiels, um die Wahrscheinlichkeit zu verringern, entdeckt zu werden. Sobald Sie ein ausreichend hohes Fähigkeitsniveau erreicht haben, wird das

Hinterhältige zu Ihrer primären Methode, Feinde zu vernichten. Tragen Sie immer Gift bei sich, um Ihren Schaden weiter zu steigern und Ihre Angriffe noch tödlicher zu machen.

Panzer-/Jägerbauweise

Der Tank/Jäger-Build ist perfekt für Spieler, die gerne kopfüber in die Schlacht stürmen und Schaden absorbieren, während sie ihren Gegnern schwere Schläge zufügen. Bei diesem Build liegt der Schwerpunkt auf Stärke, Haltbarkeit und der Aufrechterhaltung der Kontrolle über das Schlachtfeld. Wenn Ihnen die Idee gefällt, schwere Rüstungen zu tragen und mächtige Waffen einzusetzen, dann ist der Tank/Jäger-Build ideal für Sie.

Attribute und Fähigkeiten

Für den Panzer-/Kämpfer-Build sollten Ihre Hauptattribute Stärke und Ausdauer sein, da sie Ihre Gesundheit und den Schaden Ihrer Nahkampfangriffe steigern. Sie sollten sich auch auf Persönlichkeit und Willenskraft konzentrieren, um die Schadensresistenz zu erhöhen und Ihre Fähigkeit zu verbessern, Feinde durch Einschüchterung zu kontrollieren.

Zu Ihren Hauptfähigkeiten für diesen Build gehören:

- **Block:** Der Schlüssel zum Überleben im Nahkampf ist eine solide Verteidigung. Durch das Erhöhen der Block-Stufe können Sie den eingehenden Schaden reduzieren und haben so mehr Zeit, sich zu rächen.

- **Schwere Rüstung:** Das Tragen schwerer Rüstung ist für einen Panzer/Kämpfer unerlässlich. Mit dieser Fertigkeit können Sie die schwersten Rüstungen tragen, ohne Mobilitätseinbußen zu erleiden. Je höher die Stufe dieser Fertigkeit ist, desto besser können Sie Schaden absorbieren.

- **Klinge oder stumpf:** Dies sind Ihre beiden Hauptwaffenkategorien. Die Klinge ist schneller und ideal für agile Angriffe, während stumpfe Waffen (Streitkolben und Hämmer) besser geeignet sind, um schwer gepanzerten Feinden Schaden zuzufügen.

- **Leichtathletik**: Je höher Ihr Leichtathletik-Level ist, desto schneller können Sie sich bewegen und Ihre Ausdauer wiederherstellen. Eine hohe Leichtathletik-Fähigkeit ermöglicht es Ihnen, Ihre Ausdauer im Kampf aufrechtzuerhalten und ermüdungsfrei weiter zu schwingen und zu blocken.

- **Waffenmeister:** Für einen Panzer/Jäger ist es unerlässlich, die Panzerung in Top-Zustand zu halten. Indem Sie Ihre Fähigkeiten als Waffenschmied verbessern, können Sie Ihre Rüstungen und Waffen unterwegs reparieren und so sicherstellen, dass Sie nie in eine Situation geraten, in der Ihre Ausrüstung unbrauchbar wird.

Geburtszeichen und ClasS

Für Ihr Geburtszeichen ist der Krieger die beste Wahl, da er Ihre Kraft und Kampffähigkeiten deutlich steigert. Das Geburtszeichen des Kriegers erhöht Ihre Effektivität im Kampf und macht Sie sowohl im Angriff als auch in der Verteidigung stärker.

Für Ihre Klasse möchten Sie einen benutzerdefinierten Build, der die Kampffähigkeiten in den Vordergrund stellt und sich auf Nahkampf und Verteidigung konzentriert. Eine Krieger- oder Kreuzfahrerklasse würde gut funktionieren, da diese Klassen auf schwerer Rüstung und physischem Kampf basieren.

Strategie & Tipps

Ein Panzer/Jäger blüht in direkten Kampfsituationen auf. Konzentrieren Sie sich immer darauf, die Feinde vor sich zu halten, und nutzen Sie Ihre Blockfähigkeit, um den eingehenden Schaden zu reduzieren, während Sie mit Ihrer Klingen- oder stumpfen Waffe angreifen. Mit schwerer Rüstung kannst du Treffer absorbieren und gleichzeitig mächtige Schläge austeilen. Dies macht Sie zu einem perfekten Frontkämpfer in großen Gruppenkämpfen oder Bosskämpfen.

Wenn Sie von Feinden umgeben sind, verwenden Sie Ihre Flächenschadenszauber (AoE) wie „Feuerball" oder „Spalten", um die Menge auszudünnen, bevor Sie sich auf ein Ziel konzentrieren. Wenn Sie es mit einer großen Anzahl von Feinden aufnehmen, positionieren Sie sich an Engpässen, um das Schlachtfeld zu kontrollieren und die Anzahl der gleichzeitigen Angreifer zu begrenzen.

Halten Sie Ihre Fähigkeiten als Waffenschmied immer hoch, damit Sie Ihre Ausrüstung mitten im Kampf reparieren können. Zögern Sie nicht, zusätzliche Rüstungen oder eine Ersatzwaffe mitzunehmen, für den Fall, dass Ihre Primärwaffe kaputt geht oder wirkungslos wird. Der Aufbau eines Panzers/Jägers erfordert eine sorgfältige Vorbereitung, aber die Belohnungen sind immens, wenn es darum geht, intensive Kämpfe zu überstehen.

Magier-/Zauberer-Build

Der Magier/Zauberer-Build ist für Spieler gedacht, die es vorziehen, die Elemente zu manipulieren, Kreaturen zu beschwören und mächtige Zauber zu wirken. Da der Schwerpunkt auf Magicka liegt, bietet das Zaubern eine unglaubliche Vielseitigkeit. Egal, ob Sie Feuerbälle auf Ihre Feinde schleudern oder Ihre Verbündeten heilen, der Magier-Build zeichnet sich dadurch aus, dass er das Schlachtfeld aus der Ferne kontrolliert.

Attribute und Fähigkeiten

Für einen Magier-/Zauberer-Build sollten Ihre Hauptattribute Intelligenz und Willenskraft sein, da sie Ihren Magicka-Vorrat erhöhen und es Ihnen ermöglichen, Zauber effizienter zu wirken. Persönlichkeit kann ebenfalls hilfreich sein, insbesondere wenn Sie Zauber zur Kontrolle von Menschenmengen oder zur Interaktion mit NPCs verwenden.

Zu Ihren Hauptfähigkeiten für diesen Build gehören:

- **Zerstörung**: Diese Fertigkeit steuert Ihre Angriffszauber wie Feuerbälle, Blitze und Eisstürme. Es ist wichtig, um Feinden aus der Ferne Schaden zuzufügen.

- **Änderung:** Diese Fertigkeit eignet sich perfekt für Verteidigungs- oder Nutzenzauber. Die Veränderung umfasst Schildzauber, die Schaden absorbieren können und dich so härter gegen Feinde machen.

- **Wiederherstellung:** Heilzauber fallen in diese Kategorie. Nutzen Sie Wiederherstellung, um zu heilen, Krankheiten zu beseitigen oder Ihre Abwehrkräfte zu stärken.

- **Beschwörung**: Verbündete zu beschwören oder magische Waffen herzustellen ist für einen Magier unglaublich nützlich. Mit dieser Fertigkeit können Sie Kreaturen beschwören, die an Ihrer Seite kämpfen, und so wertvolle Unterstützung im Kampf erhalten.

- **Mystik:** Dies ist die vielseitigste Magieschule, die es Ihnen ermöglicht, die physische Welt mit Zaubersprüchen wie „Gesundheit absorbieren" und „Seelenfalle" zu manipulieren.

Geburtszeichen und Klasse

Für den Build „Magier/Zauberer" ist das Geburtszeichen „Magier" die beste Option. Es erhöht Ihre anfängliche Magicka erheblich, was für einen auf Magie basierenden Charakter von entscheidender Bedeutung ist. Dieses Geburtszeichen ermöglicht es Ihnen, häufiger Zauber zu wirken und im Laufe Ihres Fortschritts mächtigere Zauber zu verwenden.

Ihre Klasse kann ein Magier, ein Zauberer oder ein benutzerdefinierter Build sein, der sich auf Magicka konzentriert. Sie möchten sicherstellen, dass Ihre Klasse den richtigen Fähigkeiten zum Wirken von Zaubern und zur Verbesserung Ihrer Kampfeffektivität mit Magie Priorität einräumt.

Strategie & Tipps

Ein Magier/Zauberer hat Erfolg, indem er seine Feinde auf Distanz hält und Zaubersprüche einsetzt, um den Kampf zu kontrollieren. Behalten Sie Ihren Magicka-Vorrat immer im Auge, da dieser bei längeren Kämpfen schnell erschöpft sein kann. Wiederherstellungszauber sind wichtig, um Ihre Gesundheit in harten Kämpfen zu erhalten, während Zerstörung es Ihnen ermöglicht, Schaden zu verursachen, ohne einen Nahkampf zu riskieren.

Nutzen Sie Beschwörungszauber aus der Beschwörung, um sich in harten Schlachten, insbesondere gegen große Gruppen oder hochstufige Feinde, Verbündete zu verschaffen. Benutzen Sie stets Veränderungs- und Mystikzauber, um sich zu schützen und Ihre Feinde zu schwächen. Durch die Kombination mehrerer Magieschulen können Sie Ihren Ansatz für jede Begegnung individuell anpassen.

Hybrid-Builds

Hybrid-Builds kombinieren Aspekte von Nahkampf und Magie, sodass Sie vielseitig sind und sich an jede Situation anpassen können. Diese Builds sind perfekt für Spieler, die nicht auf eine bestimmte Rolle beschränkt sein möchten und es vorziehen, Fähigkeiten zu kombinieren und anzupassen.

Attribute und Fähigkeiten

Hybrid-Builds konzentrieren sich normalerweise auf ein Gleichgewicht zwischen Stärke, Intelligenz und Ausdauer. Dadurch wird sichergestellt, dass Ihr Charakter sowohl einen Treffer einstecken als auch mächtige Zauber wirken kann. Sie müssen Ihre Fertigkeitspunkte sowohl auf kampfbasierte als auch auf magiebasierte Fähigkeiten verteilen.

Zu Ihren Hauptkompetenzen gehören:

- **Klinge oder stumpf:** Wählen Sie eine dieser Kampffähigkeiten entsprechend Ihrer Präferenz für Geschwindigkeit oder Schaden.

- **Zerstörung:** Für offensive Magie, die Ihren physischen Kampf ergänzt.

- **Änderung:** Für Verteidigungszauber, die Ihre Überlebensfähigkeit erhöhen.

- **Wiederherstellung:** Für Heilungs- und Verteidigungsstärkungen.

- **Leichtathletik:** Stellen Sie sicher, dass sich Ihr Charakter im Kampf effizient bewegen kann, insbesondere in schwierigen Begegnungen, in denen Mobilität entscheidend ist.

Geburtszeichen und Klasse

Bei Hybrid-Builds kann das Geburtszeichen „Krieger" oder „Zauberer" nützlich sein, je nachdem, ob Sie physischen Schaden oder Magie priorisieren möchten. Das Geburtszeichen „Krieger" steigert deine Kraft und Ausdauer, während das Geburtszeichen „Zauberer" zusätzliche Magicka für das Wirken von Zaubern gewährt. Sie können sich auch für eine Kampfmagier- oder Zauberschwertklasse entscheiden, um eine ausgewogenere Kombination aus Nahkampf und Magie zu erhalten.

Strategie & Tipps

Hybrid-Builds leben von Flexibilität. Wenn Sie in den Kampf ziehen, kombinieren Sie Ihre Waffenfähigkeiten mit Ihren Zaubersprüchen. Beginnen Sie mit der Fernkampf-Zerstörungsmagie, um Feinde zu schwächen, bevor Sie die Distanz verringern und sie mit Ihrer Waffe erledigen. Wenn der Feind für einen direkten Kampf zu mächtig ist, rufen Sie Verbündete mit Beschwörungen herbei oder nutzen Sie Veränderungszauber, um sich zu schützen und Ihren Schaden zu erhöhen.

Denken Sie daran, dass Hybrid-Builds ein Gleichgewicht zwischen Kampf und Magie erfordern. Vernachlässigen Sie keine Seite Ihres Builds. Investieren Sie in Angriffs- und Verteidigungszauber und Waffen, um Ihre Effektivität zu maximieren. Sie müssen anpassungsfähig sein und je nach Situation die richtige Kombination aus Magie und Waffen einsetzen.

Fertigkeitsbeherrschung und Vorteile: Konzentrieren Sie sich darauf, welche Fertigkeiten verbessert werden müssen und wie Sie das Charakterwachstum maximieren können

In Oblivion Remastered wird das Wachstum Ihres Charakters durch die Fähigkeiten beeinflusst, die Sie verbessern möchten, und die Beherrschung dieser Fähigkeiten ist der Schlüssel zur Schaffung eines mächtigen und vielseitigen Charakters. Die Beherrschung von Fertigkeiten spielt eine entscheidende Rolle für Ihre Effektivität im Kampf, in der Magie und im Verborgenen sowie für Ihre Fähigkeit, in der riesigen Welt von Cyrodiil zu überleben und zu gedeihen. Um das Potenzial Ihres Charakters zu maximieren, ist es wichtig zu verstehen, auf welche Fähigkeiten Sie sich konzentrieren und wie Sie diese weiterentwickeln können.

Fähigkeiten und ihre Bedeutung

Der erste Schritt zur Beherrschung der Entwicklung Ihres Charakters besteht darin, zu verstehen, wie die verschiedenen Fähigkeiten das Gameplay beeinflussen. Es gibt 21 Fertigkeiten in Oblivion, und jede fällt in eine von drei Kategorien: Kampf, Magie und Heimlichkeit. Das Hauptziel besteht darin, sich auf Fertigkeiten zu spezialisieren, die Ihren Spielstil und Ihre Körperbauweise ergänzen, und gleichzeitig die sekundären Fertigkeiten zu verbessern, um Ihre Gesamtfähigkeiten zu verbessern.

Kampffähigkeiten

Kampffähigkeiten sind für jeden Krieger- oder Kämpferaufbau unerlässlich. Diese Fähigkeiten bestimmen, wie effektiv Sie im Nahkampf, bei Fernkampfangriffen und bei der Selbstverteidigung sind.

- **Klinge:** Diese Fähigkeit ist von entscheidender Bedeutung für Spieler, die schnelle, agile Kämpfe mit Schwertern bevorzugen. Es erhöht Ihre Effektivität bei der Durchführung schneller, aufeinanderfolgender Angriffe und erhöht Ihre Fähigkeit, kritischen Schaden zu verursachen.

- **Unverblümt:** Ideal für langsame, kraftvolle Schläger. Streitkolben, Hämmer und andere stumpfe Waffen sind darauf ausgelegt, großen Schaden anzurichten, insbesondere gegen schwer gepanzerte Gegner.

- **Schütze:** Wenn Sie den Fernkampf bevorzugen, wird die Konzentration auf Scharfschütze Ihre Fähigkeit, mit Bögen oder Armbrüsten zu schießen, erheblich verbessern. Mit jedem Level erhöhen Sie Ihre Genauigkeit und Ihren Schadensausstoß.

- **Block:** Eine wichtige Fähigkeit für jeden Panzer/Jäger. Je mehr Sie in Block investieren, desto besser können Sie sich gegen feindliche Angriffe verteidigen. Wenn Sie zum richtigen Zeitpunkt blocken, können Sie eingehenden Schaden reduzieren und mächtige Gegenangriffe ausführen.

- **Waffenmeister:** Mit dieser Fertigkeit können Sie Ihre Rüstungen und Waffen reparieren. Es ist eine wertvolle Fähigkeit für alle Charaktere, aber besonders wichtig für diejenigen, die schwere Rüstungen oder Waffen verwenden, die mit der Zeit Schaden erleiden. Durch das Leveln dieser Fertigkeit stellen Sie sicher, dass Sie Ihre Ausrüstung in optimalem Zustand halten, Geld für Reparaturen sparen und Ihre Kampfeffektivität steigern.

Magische Fähigkeiten

Magische Fähigkeiten bestimmen Ihre Fähigkeit, Zauber zu wirken und die Welt um Sie herum zu manipulieren. Egal, ob Sie ein beeindruckender Zauberer oder ein Hybridmagier sein möchten, die Konzentration auf diese Fähigkeiten verschafft Ihnen einen Vorsprung im Kampf und bei der Erkundung.

- **Zerstörung**: Diese Fertigkeit steuert Ihre Angriffszauber wie Feuerball, Eissturm und Blitz. Es ist von entscheidender Bedeutung für Spieler, die im Kampf auf Magie angewiesen sind, da es Ihnen ermöglicht, aus der Ferne erheblichen Schaden zu verursachen.

- **Wiederherstellung**: Diese Fähigkeit ist für die Heilung und Verteidigung von entscheidender Bedeutung und ermöglicht es Ihnen, Ihre eigene Gesundheit wiederherzustellen, Krankheiten zu heilen und sich mit Schilden zu schützen. Es ist ein Muss für jeden, der viel Zeit im Kampf verbringen möchte, insbesondere bei Bosskämpfen oder längeren Schlachten.

- **Änderung**: Veränderungsmagie bietet Verstärkungen und Schutz. Zaubersprüche wie „Schild", „Bürde" und „Schloss öffnen" fallen in diese Kategorie. Das Meistern der Veränderung wird Ihre Verteidigungsfähigkeiten verbessern und Sie im Kampf widerstandsfähiger machen.

- **Beschwörung**: Wenn Sie es vorziehen, Kreaturen zu beschwören, die an Ihrer Seite kämpfen, ist Beschwörung Ihre bevorzugte Fähigkeit. Egal, ob Sie eine daedrische Kreatur beschwören oder eine magische Waffe erschaffen, diese Fertigkeit bietet enorme Vielseitigkeit.

- **Illusion:** Illusionsmagie ermöglicht es Ihnen, die Gedanken anderer zu manipulieren, was sie ideal für die Kontrolle von Menschenmengen oder das Vorbeischleichen an Feinden macht. Zauber wie Unsichtbarkeit, Ruhe und Furcht können den Ausgang einer Schlacht ändern, indem sie Feinde verwirren oder unterwerfen.

Stealth-Fähigkeiten

Stealth-Fähigkeiten sind für Diebe, Attentäter und diejenigen, die es vorziehen, einem Kampf nach Möglichkeit aus dem Weg zu gehen, unerlässlich.

- **Schleichen:** Diese Fähigkeit bestimmt, wie gut Sie sich bewegen können, ohne entdeckt zu werden. Wenn sich Ihre Schleichfähigkeit verbessert, können Sie länger verborgen bleiben und kritische Rückenstiche ausführen, ohne Ihre Feinde zu alarmieren.

- **Taschendieb:** Wenn Sie daran interessiert sind, wertvolle Gegenstände zu stehlen oder Chaos in Städten zu verursachen, ist Taschendiebstahl Ihre beste Fähigkeit. Es ermöglicht Ihnen, NPCs zu bestehlen, ohne dass diese es merken, und kann von unschätzbarem Wert sein, um Geld zu verdienen oder seltene Gegenstände zu erhalten.

- **Sicherheit:** Diese Fähigkeit ist nützlich, um Schlösser und Fallen zu umgehen. Wenn Sie vorhaben, Dungeons zu erkunden und verschlossene Truhen zu plündern, hilft Ihnen das Level „Sicherheit" dabei, in schwer zugängliche Bereiche einzudringen.

- **Akrobatik:** Eine Schlüsselfähigkeit für heimliche Charaktere, die Schaden vermeiden oder sich in schwierigem Gelände zurechtfinden müssen. Akrobatik ermöglicht es Ihnen, höher zu springen und sich schneller zu bewegen – ideal, um einer Gefahr zu entkommen oder der Entdeckung zu entgehen.

Maximierung des Fähigkeitsfortschritts

Um Ihren Fertigkeitsfortschritt zu maximieren, konzentrieren Sie sich auf Fertigkeiten, die Ihren Charakteraufbau ergänzen und den Kampf, die Erkundung und das Überleben einfacher machen. Hier ist eine Strategie zur Beherrschung von Fertigkeiten:

- **Priorisieren Sie primäre Fähigkeiten**: Konzentrieren Sie sich zunächst auf Ihre Grundkompetenzen. Wenn Sie ein Krieger sind, konzentrieren Sie sich auf Klinge, Block und schwere Rüstung. Wenn Sie ein Magier sind, konzentrieren Sie sich auf Zerstörung und Wiederherstellung. Für die Tarnung sind Schleichen und Scharfschütze von entscheidender Bedeutung.

- **Trainieren Sie mit Trainern**: In Oblivion gibt es Trainer, die Ihnen dabei helfen können, bestimmte Fähigkeiten zu verbessern. Wenn Sie schneller Fortschritte machen möchten, suchen Sie sich Trainer für die Fähigkeiten, die Sie verbessern möchten. Einige Trainer können Ihre Fähigkeiten schnell verbessern, sodass Sie schneller höhere Stufen erreichen können.

- **Nutze Fähigkeiten im Kampf**: Der beste Weg, eine Fertigkeit zu verbessern, besteht darin, sie aktiv einzusetzen. Verbringen Sie Zeit damit, Ihre Fähigkeiten zu üben, indem Sie sich auf Kämpfe einlassen, Zauber wirken und herumschleichen. Je mehr Sie Ihre Fähigkeiten einsetzen, desto schneller steigen sie auf.

Aufsteigen: Wie man effizient aufsteigt, auf welche Statistiken man sich konzentrieren sollte und wann man sich spezialisieren sollte

Der Levelaufstieg in Oblivion Remastered erfordert sorgfältige Planung und Strategie. Bei jedem Levelaufstieg werden Sie aufgefordert, Ihren Hauptattributen Punkte zuzuweisen und neue Vorteile auszuwählen. Die Art und Weise, wie Sie diese Punkte zuweisen, kann sich drastisch auf die Entwicklung Ihres Charakters auswirken. Daher ist es wichtig zu verstehen, wie man effizient aufsteigt und wann man sich spezialisiert.

Die Grundlagen des Levelaufstiegs

Jedes Mal, wenn Sie Erfahrung sammeln, erhalten Sie einen Levelaufstieg. Wenn Sie ein Level aufsteigen, müssen Sie auswählen, welche Attribute Sie verbessern möchten. Die Attribute sind:

- **Stärke:** Erhöht Ihre Gesundheit und die Wirksamkeit von Nahkampfwaffen.

- **Intelligenz:** Erhöht deinen Magicka-Vorrat und ermöglicht es dir, mächtigere Zauber zu wirken.

- **Ausdauer:** Steigert Ihre Gesundheit und Ausdauer und hilft Ihnen, im Kampf länger zu überleben.

- **Beweglichkeit:** Verbessert Ihre Fähigkeit, Angriffen auszuweichen, und erhöht Ihre Effektivität mit Fernkampfwaffen.

- **Geschwindigkeit**: Erhöht Ihre Bewegungsgeschwindigkeit, sodass Sie gefährliche Situationen schneller verlassen können.

- **Glück:** Beeinflusst alle Ihre Statistiken und erhöht Ihre Chance auf kritische Treffer.

Effiziente Nivellierstrategien

- **Konzentrieren Sie sich auf Ihre Hauptattribute:** Der erste Schritt zum effizienten Leveln ist die Priorisierung Ihrer primären Attribute. Wenn Sie ein Krieger sind, konzentrieren Sie sich auf Stärke und Ausdauer. Wenn Sie ein Magier sind, sind Intelligenz und Willenskraft entscheidend. Konzentrieren Sie sich auf die Attribute, die Ihrem Körperbau und Spielstil am meisten zugute kommen.

- **Verfolgen Sie das Kompetenzwachstum:** Wenn Sie ein höheres Level erreichen, sollten sich Ihre Fähigkeiten auf der Grundlage Ihrer gewählten Fähigkeiten natürlich weiterentwickeln. Stellen Sie sicher, dass Sie Ihre Fähigkeiten regelmäßig einsetzen, um sie zu verbessern, da Sie so neue Vorteile freischalten und Ihre Kampfeffektivität steigern können.

- **Nutzen Sie Geburtszeichen zu Ihrem Vorteil:** Abhängig von Ihrem Geburtszeichen möchten Sie sich möglicherweise auf bestimmte Eigenschaften oder Fähigkeiten konzentrieren. Wenn Sie beispielsweise das Geburtszeichen „Krieger" verwenden, profitieren Sie von der Steigerung Ihrer Kraft und Ausdauer, während das Geburtszeichen „Magier" Sie dazu drängt, Ihre Intelligenz und Willenskraft zu verbessern.

- **Trainieren Sie Fähigkeiten, die schwer zu erreichen sind:** Bei manchen Fertigkeiten dauert das Leveln länger, etwa Scharfschütze oder Alchemie. Wenn es Ihnen schwer fällt, diese Fähigkeiten zu verbessern, sollten Sie darüber nachdenken, Trainer zu finden, die Ihnen helfen können, diese Fähigkeiten zu Beginn des Spiels zu verbessern.

Wann sollte man sich spezialisieren?

Die Spezialisierung auf bestimmte Bereiche ist beim Aufstieg unerlässlich. Wenn Sie höhere Level erreichen, schalten Sie neue Fähigkeiten frei und werden in Ihrem gewählten Spielstil mächtiger. Eine zu frühe Spezialisierung kann Ihre Vielseitigkeit einschränken. Nehmen Sie sich also Zeit, bevor Sie sich vollständig auf einen Weg festlegen.

- **Frühe Level:** Zu Beginn ist es eine gute Idee, sich darauf zu konzentrieren, eine solide Grundlage in den Bereichen Kampf, Magie oder Tarnung zu schaffen. Vielleicht möchten Sie sich später spezialisieren, aber stellen Sie vorher sicher, dass Sie über umfassende Fähigkeiten verfügen.

- **Mittelspiel:** Wenn Sie die Mitte des Spiels erreicht haben, sollten Sie eine klare Vorstellung von den Stärken und Schwächen Ihres Charakters haben. Dann möchten Sie sich spezialisieren. Wenn Sie hauptsächlich Nahkampfwaffen verwendet haben, konzentrieren Sie sich auf Kampfvorteile, die Ihre Stärke und Verteidigung steigern. Wenn Sie sich stark auf Magie verlassen haben, spezialisieren Sie sich auf eine bestimmte Magieschule (z. B. Zerstörung oder Wiederherstellung).

- **Spätes Spiel:** Gegen Ende des Spiels sollten Sie sich ganz auf Ihre Spezialisierung konzentrieren. Wenn Sie ein Panzer/Kämpfer sind, konzentrieren Sie sich darauf, Ihre Block-, Schwerpanzer- und Klingen-/Stumpffähigkeiten zu verbessern. Wenn Sie ein Magier sind, spezialisieren Sie sich auf Zerstörung und Beschwörung. Im späten Spielverlauf glänzt Ihr Charakter wirklich in seiner gewählten Rolle und die Spezialisierung hilft Ihnen dabei, Ihre Kampfeffizienz zu maximieren.

Attribute maximieren: Tipps, wie Sie Ihren Charakter im Kampf, in der Magie und im Verborgenen zum stärksten machen

Die Maximierung Ihrer Eigenschaften ist der Schlüssel zur Schaffung eines mächtigen und effektiven Charakters in Oblivion Remastered. Ihre Attribute bestimmen, wie gut Sie im Kampf, in der Magie und im Verborgenen abschneiden. Daher ist es wichtig zu verstehen, wie sich jedes Attribut auf den Fortschritt und den Spielstil Ihres Charakters auswirkt.

Kampf-Builds

- **Kraft und Ausdauer:** Konzentrieren Sie sich auf die Steigerung von Stärke und Ausdauer für Nahkampf-Builds. Dadurch erhöhen Sie Ihre Gesundheit und Ausdauer, sodass Sie im Kampf länger überleben und stärkere Angriffe ausführen können.
- **Beweglichkeit:** Konzentrieren Sie sich bei Fernkampf- oder Stealth-Charakteren auf Beweglichkeit, um Ihre Fähigkeit, Angriffen auszuweichen, zu verbessern und die Wirksamkeit Ihrer Fernkampfwaffen zu erhöhen.

Magische Builds

- **Intelligenz und Willenskraft:** Bei magischen Builds ist Intelligenz entscheidend für die Vergrößerung Ihres Magicka-Vorrats, während Willenskraft bei der Regeneration von Magicka hilft. Diese beiden Attribute ermöglichen es Ihnen, bei längeren Kämpfen mehr Zauber zu wirken und Magicka schnell zu regenerieren.

Stealth-Builds

- **Beweglichkeit und Glück**: Für Stealth-Charaktere ist Beweglichkeit für Schnelligkeit und Ausweichfähigkeit von entscheidender Bedeutung, während Glück bei kritischen Treffern und Erfolgsraten beim Schleichen hilft. Sie sollten Glück verbessern, um Ihre Erfolgschancen bei Stealth-Kills, Taschendiebstahl und Schlossknacken zu erhöhen. Oblivion Remastered bietet immense Tiefe bei der Charaktererstellung und -entwicklung. Ganz gleich, ob Sie einen Stealth/Assassinen, einen Panzer/Kämpfer, einen Magier/Hexer oder einen vielseitigen Hybriden spielen möchten, das Verständnis, wie man Attribute, Fähigkeiten und Strategien ausbalanciert, ist der Schlüssel zum Erfolg. Indem Sie sich auf Ihre Stärken konzentrieren, Ihren gewählten Spielstil maximieren und sich an unterschiedliche Situationen anpassen, können Sie einen Charakter erstellen, der Ihren Vorlieben entspricht und das Beste aus der weitläufigen Welt von Cyrodiil herausholt.

KAPITEL 4

HAUPTQUESTLINIE

Komplettlösung der Hauptquest: Schritt-für-Schritt-Aufschlüsselung der Hauptgeschichte von Oblivion, einschließlich aller wichtigen Quests, Ziele und wichtigen Entscheidungen

Die Hauptquestreihe von The Elder Scrolls IV: Oblivion Remastered ist eine der aufregendsten und entscheidendsten Erzählungen im Spiel und führt Sie durch das Land Cyrodiil, während Sie versuchen, eine Invasion daedrischer Kräfte zu stoppen, die die ganze Welt bedroht. Dieses Kapitel bietet eine umfassende Schritt-für-Schritt-Aufschlüsselung der Hauptgeschichte von Oblivion und behandelt die Hauptquests, Hauptziele, wichtige NPCs und Handlungspunkte, die die Handlung vorantreiben.

Die Ermordung des Kaisers (Beginn der Hauptquestreihe)

Die Hauptquest beginnt, wenn Sie, ein Gefangener im kaiserlichen Gefängnis, von niemand anderem als Kaiser Uriel Septim VII. befreit werden. Dieses Event setzt die Reihe von Quests in Gang, die Ihre Reise durch Cyrodiil bestimmen werden.

- **Questname**: Die Flucht des Kaisers

- **Ziele:**

  - Entkomme mit dem Kaiser und seinen Wachen aus dem kaiserlichen Gefängnis.

  - Nach einer dramatischen Ermordung des Imperators durch die Mythic Dawn steht Ihnen eine Schlüsselaufgabe bevor: Überbringen Sie das Amulett der Könige zu Jauffre im Tempel des Wolkenherrschers.

- **Wichtige NPCs:** Kaiser Uriel Septim VII., Jauffre, Martin Septim (der Sohn des Kaisers).

Diese Quest führt Sie in den zentralen Konflikt ein: Der daedrische Prinz Mehrunes Dagon und seine Streitkräfte versuchen, in Tamriel einzudringen, und nur das Amulett der Könige kann sie aufhalten. Der Tod des Imperators signalisiert den Beginn der Öffnung der Oblivion-Tore im ganzen Land, und Ihre Aufgabe ist es, dies zu verhindern.

Die Suche nach dem Amulett der Könige

Nachdem Sie Jauffre getroffen haben, werden Sie zum Tempel des Wolkenherrschers geleitet, wo Martin Septim, der Sohn des Kaisers, versteckt wurde. Zu diesem Zeitpunkt liegt das Schicksal des Imperiums in Ihren Händen. Martin lebte im Verborgenen und war sich seiner königlichen Abstammung nicht bewusst, bis sich die Ereignisse rund um die Ermordung des Kaisers ereigneten.

- **Questname**: Liefere das Amulett an Jauffre

- **Ziele:**
★ Bringe das Amulett der Könige zu Jauffre, dem Anführer der Blades, den persönlichen Leibwächtern des Kaisers.
★ Bring Martin zu Jauffre und überzeuge ihn von seinem Schicksal.

- Wichtige NPCs: Martin Septim, Jauffre, Baurus (ein Mitglied der Blades).

In diesem Teil der Quest werden Sie beginnen, die wahre Bedeutung des Amuletts der Könige und seine Verbindung zu den Barrieren zwischen dem Reich der Sterblichen und Oblivion, dem daedrischen Reich, zu erkennen. Sie werden auch der Mythic Dawn gegenüberstehen, einem Kult, der Mehrunes Dagon gewidmet ist, als Ihren ersten bedeutenden Feind im Kampf gegen die daedrische Invasion.

Die Tore des Vergessens und Mehrunes Dagons Plan

Im Verlauf der Questreihe beginnen sich in ganz Cyrodiil die Tore des Vergessens zu öffnen. Diese Tore sind Portale, durch die daedrische Streitkräfte in Tamriel eindringen. Ihre Mission wird klar: Schließen Sie diese Tore, um die daedrische Invasion zu stoppen. Dies ist ein zentraler Abschnitt der Hauptquest, da Sie sich Herausforderungen stellen, durch gefährliche Gebiete reisen und die Streitkräfte von Dagon besiegen müssen.

- **Questname**: Die Tore des Vergessens

- **Ziele:**
  - ○ Schließt die Tore des Vergessens und stoppt die daedrische Invasion.

- Die Tore befinden sich an verschiedenen Orten auf der Karte, und Sie müssen zu jedem einzelnen reisen und sich dabei den Gefahren der Totenlande stellen, während Sie versuchen, Große Siegelsteine zu bergen, die der Schlüssel zum Schließen der Tore sind.

- Helfen Sie Martin, den Tempel des Einen zu sichern und die Blutlinie des Roten Drachen zu erreichen.

- **Wichtige NPCs:** Martin Septim, Jauffre, The Daedric Lords.

Hier triffst du nicht nur auf normale Gegner wie Daedra-Lords und Dremora, sondern erkundest auch die Reiche des Vergessens, löst Rätsel und nimmst an erbitterten Kämpfen teil. Ihr Erfolg beim Schließen dieser Tore ist von entscheidender Bedeutung für die Handlung, da er Mehrunes Dagon daran hindert, in der Welt Fuß zu fassen.

Der Kampf um den Tempel des Einen

Wenn Sie an Kraft gewinnen und sich der daedrischen Bedrohung stellen, werden Sie feststellen, dass der Tempel des Einen zum letzten Schlachtfeld wird, auf dem Martin sein Herrschaftsrecht beweisen muss. Die letzte Mission führt Sie direkt ins Herz von Cyrodiil, um sich Mehrunes Dagon und seinen Streitkräften zu stellen.

- **Questname:** Der Tempel des Einen

- **Ziele:**
  - Beschütze Martin, während er sich darauf vorbereitet, das Amulett der Könige zu verwenden und das Ritual durchzuführen.

  - Stelle dich den Streitkräften von Mehrunes Dagon im Herzen von Cyrodiil, während die letzte Schlacht beginnt.

- ○ Konfrontieren Sie den Daedra-Prinzen im finalen Showdown.

- Wichtige NPCs: Martin Septim, Mehrunes Dagon, Jauffre.

Diese Quest führt zum Abschluss der Hauptgeschichte, in der Martin, der nun als Thronfolger entlarvt wird, das Amulett der Könige in einem mächtigen Ritual verwendet, um Mehrunes Dagon zu verbannen und die verbleibenden Tore des Vergessens zu schließen. Das Schicksal von Cyrodiil steht auf dem Spiel und Ihre Entscheidungen hier werden über das endgültige Schicksal des Imperiums entscheiden.

Entscheidungen, die sich auf die Geschichte auswirken: Schlüsselpunkte in der Hauptquest, bei denen Ihre Entscheidungen das Ergebnis beeinflussen

In Oblivion Remastered wirken sich Ihre Entscheidungen nicht nur auf den Ausgang von Nebenquests und Interaktionen mit NPCs aus; Sie können auch die Richtung der Hauptquestreihe ändern und das Schicksal der Welt beeinflussen. Hier sind einige wichtige Entscheidungen, die sich auf das Ergebnis Ihrer Reise auswirken können:

Die Entscheidung, Martin Septim zu retten oder aufzugeben

Während Ihrer Reise müssen Sie Martin Septim beschützen und ihm dabei helfen, seinen rechtmäßigen Thron einzufordern. Es gibt jedoch Momente, in denen Ihre Entscheidungen sein Schicksal beeinflussen:

- **Martin retten:** Indem Sie Martin vor der Mythischen Morgenröte beschützen und seine Sicherheit gewährleisten, halten Sie das Potenzial für die Rettung des Imperiums am

Leben.

- **Martin im Stich lassen:** Sollten Sie Martins Schutz vernachlässigen oder die Kultisten ihre Arbeit machen lassen, ist das Schicksal des Imperiums besiegelt und die daedrische Invasion wird schwieriger zu stoppen sein.

Mythic Dawn und der Einfluss des Kults

Die Mythische Morgendämmerung spielt eine entscheidende Rolle beim Untergang des Imperiums. Ihre Interaktionen mit ihnen und die Entscheidungen, die Sie darüber treffen, wie Sie sich ihnen nähern, könnten die Mission einfacher oder schwieriger machen:

- **Infiltration der mythischen Morgenröte:** Wenn Sie in ihre Reihen eindringen und Informationen sammeln, können Sie zukünftige Katastrophen verhindern.

- **Die Mythische Morgendämmerung ignorieren:** Wenn Sie sich dafür entscheiden, ihnen mit roher Gewalt entgegenzutreten, verzögern Sie möglicherweise ihren Einfluss, aber ihre Zahl wird weiter zunehmen, und es kann später im Spiel zu schwierigeren Konfrontationen kommen.

Das Schicksal des Amuletts der Könige

Das Amulett der Könige steht im Mittelpunkt der Handlung und sein Schicksal ist mit Ihren Entscheidungen verknüpft:

- **Verwendung des Amuletts:** Wenn Sie sich dafür entscheiden, das Amulett in Verbindung mit Martins Bemühungen zu verwenden, verhindern Sie, dass Mehrunes Dagon dauerhaft die Welt der Sterblichen betritt.

- **Missbrauch des Amuletts**: Wenn Sie das Amulett missbrauchen, riskieren Sie, die Tore des Vergessens dauerhaft zu öffnen und daedrischen Kräften die Überwältigung der sterblichen Ebene zu ermöglichen.

Finaler Bosskampf: Detaillierte Strategie für den ultimativen Kampf, einschließlich Vorbereitung, Taktik und Aufschlüsselung der Kampfphasen

Die letzte Konfrontation mit Mehrunes Dagon ist einer der dramatischsten und herausforderndsten Momente in der Hauptquestreihe von Oblivion Remastered. Dieser Kampf erfordert Vorbereitung, Kenntnis Ihrer Stärken und ein Verständnis für die Schwächen des Feindes. Hier ist eine detaillierte Aufschlüsselung des letzten Kampfes und der Strategien, um Ihren Sieg zu sichern.

Vorbereitung auf die letzte Schlacht

Stellen Sie vor Beginn der letzten Schlacht sicher, dass Sie über die folgenden Gegenstände verfügen:

- **Zaubertränke**: Bringen Sie eine große Auswahl an Heiltränken, Magicka-Tränken und Widerstandstränken mit (insbesondere gegen Feuer oder physischen Schaden).

- **Verzauberungen**: Rüste Waffen mit starken Verzauberungen aus, um deinen Schaden zu erhöhen. Erwägen Sie, Ihre Rüstung mit Resistenz gegen Feuer oder Resistenz gegen Magie zu verzaubern, um sich vor Dagons Elementarangriffen zu schützen.

- **Beschwörungszaubers**: Beschwörungszauber, die Daedra, Atronachen oder andere mächtige Verbündete herbeirufen, können den Kampf erheblich erleichtern, da sie dabei helfen, Mehrunes Dagon und seine Schergen abzulenken, während Sie sich auf den Kampf konzentrieren.

Der Kampf gegen Mehrunes Dagon

Sobald Sie das Herz des Tempels des Einen betreten, beginnt der Kampf gegen Mehrunes Dagon. Dies ist ein mehrphasiger Kampf, der Ihre Kampffähigkeiten, Ihre Strategie und Ihre Fähigkeit, sich an das sich verändernde Schlachtfeld anzupassen, auf die Probe stellt.

Phase 1: Die Beschwörung

In der ersten Phase des Kampfes ist Mehrunes Dagon ein beeindruckender Gegner, der feuerbasierte Angriffe einsetzt, um dir aus der Distanz Schaden zuzufügen. Konzentrieren Sie sich in dieser Phase darauf, seinen Feuerball-Fernangriffen auszuweichen und Veränderungszauber wie Schild zu verwenden, um Schaden zu absorbieren. Halten Sie Abstand und zermürben Sie seine Gesundheit mit Fernkampfangriffen oder Zerstörungsmagie.

- **Taktik:** Nutze Beschwörungszauber, um mächtige Verbündete wie Atronachen hervorzubringen, die einen Teil des Schadens absorbieren und Dagon ablenken. In dieser Phase geht es darum, defensiv zu agieren und die beschworenen Kreaturen mit der Masse der feindlichen Streitkräfte fertig werden zu lassen.

Phase 2: Dagons physischer Angriff

Sobald Mehrunes Dagon die Distanz verringert und seinen Nahkampfangriff beginnt, wird der Kampf viel schwieriger. An diesem Punkt wird Dagon kraftvolle Nahkampfhiebe und Tritte einsetzen, um Sie aus dem Gleichgewicht zu bringen.

- **Taktik:** Verwenden Sie Blocken, um den Schaden von Dagons Nahkampfangriffen zu verringern. Seien Sie immer darauf vorbereitet, auszuweichen, wenn er seine gewaltige Waffe schwingt, da diese Angriffe einen erheblichen Teil Ihrer Gesundheit verbrauchen. Verwenden Sie Wiederherstellungszauber, um Ihre Gesundheit hoch zu halten, insbesondere während der körperlichen Phasen des Kampfes.

Phase 3: Der Abschluss des Rituals

Im weiteren Verlauf des Kampfes beginnt Martin mit der Durchführung des Rituals des Einen, das der Schlüssel zur Besiegelung von Dagons Einfluss auf die Ebene der Sterblichen ist. In dieser Phase wird der Kampf zu einem Wettlauf gegen die Zeit. Sie müssen Martin beschützen, während er das Ritual abschließt und sich gleichzeitig mit Dagons Schergen und Dagons verheerenden Angriffen auseinandersetzt.

- **Taktik:** Benutze Unsichtbarkeit oder Tarnung, um über das Schlachtfeld zu navigieren und Martin vor den herannahenden Feinden zu schützen. Wenn Sie einen Panzer bauen, konzentrieren Sie sich darauf, Ihre Feinde in Schach zu halten, während Martin das Ritual abschließt. Sobald er fertig ist, wird das Ritual Dagon versiegeln und den Kampf beenden.

Sobald Sie Mehrunes Dagon erfolgreich besiegt und die Oblivion-Invasion gestoppt haben, haben Sie nicht nur das Imperium gerettet, sondern auch Ihre Rolle als einer der größten Helden in der Welt von Oblivion Remastered gefestigt. In der letzten Sequenz der Hauptquest wird Martin sein letztes Opfer bringen, die Tore von Oblivion schließen und das Überleben von Tamriel sichern. Allerdings wird Ihr Vermächtnis in Cyrodiil davon abhängen, wie Sie mit der Welt nach der Quest umgehen und welche Beziehungen Sie aufbauen.

KAPITEL 5

GILDEN & FRAKTIONEN

Kämpfergilde: Schließe die Questreihe, die Hauptziele, Belohnungen und Beförderungen ab

Die Kämpfergilde ist eine der bekanntesten Gilden in Oblivion Remastered und ideal für diejenigen, die den direkten Kampf bevorzugen. Diese Gilde richtet sich an Krieger, Söldner und alle, die es vorziehen, Konflikte mit roher Gewalt zu lösen. Egal, ob Sie gerne ein Schwert oder einen Hammer schwingen oder sich auf die Verteidigung mit schwerer Rüstung konzentrieren, die Kämpfergilde bietet eine robuste Questreihe mit vielen Möglichkeiten, Ihr Können im Kampf unter Beweis zu stellen.

Der Kämpfergilde beitreten

Um der Kämpfergilde beizutreten, müssen Sie einen ihrer Standorte rund um Cyrodiil besuchen. Die Fighter's Guild Hall in Chorrol ist der Haupteingangspunkt. Sprechen Sie mit Gildenmeister Burz gro-Khash, der Ihnen die für den Beitritt erforderlichen Einführungsaufgaben geben wird. Diese Aufgaben sind relativ einfach und helfen Ihnen, sich mit den Kernaktivitäten der Gilde vertraut zu machen.

Sobald Sie die Aufnahmeaufgabe abgeschlossen haben, werden Sie offiziell Mitglied und die Gilde beginnt, Ihnen verschiedene Söldnerverträge anzubieten. Ihre Rolle als Mitglied der Kämpfergilde besteht hauptsächlich darin, kampfbezogene Aufgaben zu übernehmen, wie etwa das Räumen gefährlicher Gebiete, den Schutz von NPCs und die Teilnahme an Kämpfen mit verschiedenen Monstern und Feinden.

Aufschlüsselung der Questreihe:

Die Fighter's Guild bietet eine Reihe von Quests an, die in mehrere Phasen unterteilt sind. Während Sie die Questreihe durchlaufen, müssen Sie sich mit den Bedrohungen in ganz Cyrodiil auseinandersetzen, sich zunehmenden Gefahren stellen und neue Einblicke in die tieferen Abläufe der Gilde gewinnen. Hier ist eine Aufschlüsselung der wichtigsten Quests und Ziele:

- **Erste Aufgaben**: Zu Ihren ersten Aufgaben gehört die Räumung von Banditenlagern und Monsterhöhlen sowie der Schutz einzelner Personen. Diese Einführungsmissionen helfen Ihnen, Ihre Kampffähigkeiten zu verbessern und erhalten Erfahrungspunkte.

- **Sonderverträge**: Wenn Sie in den Rängen aufsteigen, erhalten Sie Sonderaufträge, die es erfordern, dass Sie bestimmte Ziele töten oder eine rivalisierende Gilde eliminieren. Diese sind schwieriger und können zu größeren Belohnungen führen.

- **Rangfortschritt**: Mit zunehmendem Fortschritt werden Sie auf anspruchsvollere Missionen stoßen, die komplexere Ziele mit sich bringen, wie z. B. die Unterstützung der Gilde bei internen Problemen und die Lösung von Konflikten mit rivalisierenden Fraktionen. Ihr Rang steigt, wenn Sie sich im Kampf beweisen und diese anspruchsvollen Aufgaben erfüllen.

Hauptziele:

Die Questreihe „Fighter's Guild" enthält einige wichtige Ziele, die für Ihren Fortschritt wichtig sind. Dazu gehören:

- **Gefährliche Feinde töten:** Bei vielen Quests geht es darum, mächtige Monster oder rivalisierende Söldner zu eliminieren. Ihr Ruf wächst, wenn Sie diese Missionen erfolgreich abschließen.

- **Untersuchung von Gildenproblemen:** Je weiter du voranschreitest, desto mehr stellst du möglicherweise fest, dass deine Gilde interne Probleme mit Rivalen, geheime Geschäfte oder Korruption hat, mit denen man sich befassen muss.

- **Den Ruf der Gilde verteidigen**n: Du wirst auch mit Missionen beauftragt, um den Ruf der Gilde zu verteidigen, sei es bei Verhandlungen, dem Umgang mit Feinden oder der Übernahme gefährlicherer Jobs, um den guten Ruf der Gilde aufrechtzuerhalten.

Belohnungen und Werbeaktionen:

Für jede erfolgreiche Mission werden Sie mit Geld, Gegenständen und Erfahrungspunkten belohnt. Außerdem erhältst du Beförderungen, wenn du in den Gildenrängen aufsteigst:

- **Aktionen:** Dein Rang in der Kämpfergilde steigt, je mehr Missionen du abschließt. Beginnen Sie als einfacher Lehrling, steigen Sie zum Gesellen und schließlich zum Beschützer auf, dem höchsten in der Gilde verfügbaren Rang. Mit zunehmendem Rang verbessern sich Ihr Ruf und die Belohnungen für Ihre Missionen.

- **Geld und Ausrüstung:** Für jede abgeschlossene Mission erhalten Sie Geld. Darüber hinaus haben hochrangige Mitglieder Zugriff auf spezielle Ausrüstung, einschließlich einzigartiger Waffen und Rüstungen, die nur denjenigen zur Verfügung stehen, die einen guten Ruf in der Gilde haben.

Tipps für den Erfolg:

- **Konzentrieren Sie sich auf Kampffähigkeiten:** Als Mitglied der Fighter's Guild müssen Sie sich auf Kampffähigkeiten wie Klinge, Block und schwere Rüstung konzentrieren. Diese Fähigkeiten sind entscheidend für den Erfolg Ihrer Söldnerrolle und helfen Ihnen, Ihre Missionen effektiver zu erfüllen.

- **Aufsteigen:** Stellen Sie sicher, dass Sie Ihre Ausdauer und Kraft steigern, um Ihre Gesundheit und Ausdauer zu steigern. Je mehr Schaden du einstecken und austeilen kannst, desto erfolgreicher wirst du in kampfintensiven Gildenmissionen sein.

- **Strategischer Kampf:** Wenn Sie mächtigen Feinden gegenüberstehen, nutzen Sie Taktiken wie Blocken, Ausweichen und den Einsatz von Magie, um sich einen Vorteil zu verschaffen.

Magiergilde: Beitritt, wichtige Quests, geheimes Wissen und Fortschritt

Die Magiergilde ist die perfekte Wahl für alle, die in Oblivion Remastered die Kräfte der Magie einsetzen möchten. Egal, ob Sie zerstörerische Zauber wirken, Wunden heilen oder das Gefüge der Realität selbst manipulieren möchten, die Magiergilde bietet umfassende Schulungen und Aufstiegsmöglichkeiten. Durch den Beitritt zur Gilde erhältst du Zugang zu Zaubersprüchen, Wissen und einzigartigen Quests, die sich sowohl an Anfänger als auch an fortgeschrittene Magieanwender richten.

Der Magiergilde beitreten

Um der Magiergilde beizutreten, besuchen Sie einfach eine ihrer Hallen in ganz Cyrodiil. Sie müssen mit dem örtlichen Gildenmeister wie

Raminus Polus in Balmora sprechen, um Ihre Reise in die arkanen Künste zu beginnen. Um der Gilde beizutreten, musst du eine einfache Einführungsquest abschließen, die dein grundlegendes Verständnis von Magie auf die Probe stellt.

Sobald Sie die Initiation erfolgreich abgeschlossen haben, haben Sie Zugang zu Training, Zaubersprüchen und Aufstiegsmöglichkeiten innerhalb der Gilde. Gildenmitglieder erhalten spezielle Rabatte auf magische Vorräte und die Gilde bietet eine große Auswahl an Quests an, die alle Schulen der Magie abdecken.

Aufschlüsselung der Questreihe:

Die Questreihe der Magiergilde besteht aus mehreren Hauptschritten, die Sie durch eine Reihe magischer Herausforderungen, politischer Intrigen und verborgenen Wissens führen.

- Die Arkane Universität: Ihr ultimatives Ziel als Mitglied der Magiergilde ist es, Zugang zur Arcane Universität zu erhalten, dem zentralen Knotenpunkt der Gilde. Der Beitritt erfolgt jedoch nicht automatisch – Sie müssen sich das Recht zur Aufnahme verdienen, indem Sie verschiedene Gildenaufgaben erfüllen und Ihre magischen Fähigkeiten unter Beweis stellen.

- Seltene Zutaten und Artefakte sammeln: Bei vielen Quests geht es darum, seltene magische Zutaten zu sammeln oder alte Texte zu erhalten. Bei einigen dieser Quests müssen Sie sich in Dungeons oder abgelegene Orte begeben, um die für die Forschung der Gilde benötigten Gegenstände zu finden.

- Rivalen besiegen: Im Laufe Ihres Fortschritts stellen Sie möglicherweise fest, dass andere Fraktionen wie die Nekromanten oder Schwarzmagier versuchen, die Magiergilde zu untergraben. Ihre Aufgabe besteht darin, diese Feinde aufzuspüren und die Bedrohung, die sie für die Gilde darstellen, zu beseitigen.

Hauptziele:

- **Schließe die Hauptquestreihe ab:** Die zentrale Handlung der Magiergilde besteht darin, uraltes magisches Wissen zu erforschen, um den Ursprung der Oblivion-Tore zu verstehen. Sie werden mit hochrangigen Mitgliedern zusammenarbeiten, um die Rolle der Magie in diesen Toren und ihre Verbindung zu den daedrischen Reichen zu untersuchen.

- **Magisches Wissen freischalten:** Eines der Hauptziele besteht darin, das geheime Wissen zu entdecken, das in der Gilde verborgen ist. Dazu kann es gehören, magische Rätsel zu lösen, alte Schriften zu entschlüsseln und verlorene Zaubersprüche zu studieren, die die Welt verändern könnten.

Belohnungen und Werbeaktionen:

Als Mitglied der Magiergilde erhältst du verschiedene Belohnungen und Beförderungen:

- **Förderung:** Um in den Rängen der Magiergilde aufzusteigen, müssen Quests abgeschlossen und die magischen Künste beherrscht werden. Die Ränge beginnen beim Lehrling und reichen bis zum Erzmagier, wobei jede Beförderung Zugang zu neuen Zaubersprüchen und Fähigkeiten gewährt.

- **Zauber und Tränke:** Wenn Sie in den Rängen aufsteigen, erhalten Sie Zugang zu mächtigen Zaubersprüchen, Tränken und magischen Artefakten, die Nichtmitgliedern nicht zur Verfügung stehen. Diese werden Ihnen bei Ihrer Suche helfen und Ihnen einen einzigartigen Vorteil im Kampf verschaffen.

- **Rabatte auf magische Waren**: Sobald Sie einen höheren Rang erreichen, erhalten Sie Rabatte im Shop der Magiergilde, wo Sie seltene magische Gegenstände und Zutaten kaufen können, um mächtige Zaubersprüche herzustellen.

Tipps für den Erfolg:

- **Konzentrieren Sie sich auf Zauberschulen**: Abhängig von Ihrem Spielstil können Sie sich auf eine der Zauberschulen konzentrieren. Wenn Sie massiven Schaden anrichten möchten, konzentrieren Sie sich auf Zerstörung. Wenn Sie Unterstützung bevorzugen, konzentrieren Sie sich auf Wiederherstellung und Änderung.

- **Nutzen Sie die Magiergilde für Schnellreisen**: Die Magiergilde verfügt über Teleportationszauber, die Ihnen helfen können, schnell zwischen den Gildenhallen zu reisen. Dadurch sparen Sie Zeit beim Abschließen von Quests und beim Sammeln magischer Gegenstände.

Thieves Guild: Stealth-Missionen, Raubüberfälle und wie man der beste Dieb wird

Die Diebesgilde ist die ideale Wahl für Spieler, die Heimlichkeit, Schleichen und Taschendiebstahl bevorzugen. Diese Gilde ist auf risikoreiche Raubüberfälle und den Diebstahl wertvoller Schätze von wohlhabenden Personen und gefährlichen Orten spezialisiert. Wenn es Ihnen Spaß macht, an Wachen vorbeizuschlüpfen, NPCs zu bestehlen und ein Meisterdieb zu werden, ist dies die richtige Gilde für Sie.

Der Diebesgilde beitreten

Um der Diebesgilde beizutreten, besuchen Sie die Kaiserstadt und sprechen Sie mit Armand Christophe, dem Oberhaupt der Diebesgilde.

Die Initiationsmission beinhaltet das Abschließen einer Aufgabe, bei der Sie einem bestimmten NPC einen wertvollen Gegenstand stehlen müssen. Diese Aufgabe führt Sie in die Grundlagen des Stehlens und Schleichens ein.

Aufschlüsselung der Questreihe:

Die Questreihe der Diebesgilde konzentriert sich auf den Erwerb von Reichtum und die Gewinnung von Einfluss in der kriminellen Unterwelt. Bei den Quests geht es um Diebstahl, Taschendiebstahl und die Durchführung verdeckter Operationen im Auftrag der Gilde.

- **Der Überfall:** Ihre erste große Aufgabe besteht darin, wertvolle Schätze von reichen Händlern oder mächtigen Persönlichkeiten in Cyrodiil zu stehlen. Diese Raubüberfälle erfordern Heimlichkeit, sorgfältige Planung und die Fähigkeit, einer Entdeckung zu entgehen.

- **Gildenpolitik:** Wenn Sie in den Rängen aufsteigen, werden Sie feststellen, dass die Gilde in interne Konflikte, Rivalitäten und Verrat verwickelt ist. Diese Probleme müssen gelöst werden, und Sie müssen sich in der Politik der Gilde zurechtfinden und gleichzeitig versuchen, Ihre Position als Top-Dieb zu sichern.

- **Meister der Schatten:** Schließlich werden Sie darauf hinarbeiten, Gildenmeister der Diebesgilde zu werden. Dazu müssen Sie verschiedene hochkarätige Jobs erledigen und Einfluss in der Unterwelt der Stadt gewinnen.

Hauptziele:

- **Heimlichkeit meistern:** Als Mitglied der Diebesgilde müssen Sie Ihre Tarnfähigkeiten perfektionieren. Dazu gehört, sich in bewachte Bereiche einzuschleichen, Schlösser zu knacken und der Entdeckung zu entgehen, während Sie Ihre Raubüberfälle abschließen.

- **Abschließen hochkarätiger Raubüberfälle:** Das ultimative Ziel besteht darin, komplexe und lukrative Raubüberfälle durchzuführen, beispielsweise das Stehlen hochrangiger Beamter oder das Eindringen in gefährliche Orte.

Belohnungen und Werbeaktionen:

Als Mitglied der Diebesgilde verdienst du Geld, seltene Gegenstände und Einfluss auf die Gilde. Beförderungen erfolgen, wenn Sie Aufträge abschließen und Ihre Fähigkeiten unter Beweis stellen. Die Belohnungen steigen, wenn Sie in den Rängen aufsteigen und schwierigere und prestigeträchtigere Raubüberfälle annehmen.

Dunkle Bruderschaft: Freischalten und Abschließen der Attentatsmissionen

Die Dunkle Bruderschaft ist eine Geheimorganisation, die sich auf Mordmissionen konzentriert. Wenn Sie es genießen, risikoreiche und lohnende Stealth-Missionen anzunehmen und Ihre Ziele präzise auszuschalten, bietet die Dunkle Bruderschaft die ultimative Herausforderung.

Der Dunklen Bruderschaft beitreten

Um der Dunklen Bruderschaft beizutreten, müssen Sie eine spezielle Questreihe abschließen, die mit der Ermordung eines Unschuldigen beginnt. Diese Quest bereitet den Grundstein für Ihre Rolle in der Bruderschaft und führt Sie in die Ziele und Methoden der Organisation ein.

Knights of the Nine: Questreihe, Belohnungen und Ein wahrer Held werden

Die Ritter der Neun sind eine einzigartige Fraktion in Oblivion Remastered und bieten Spielern die Möglichkeit, sich auf eine heldenhafte Mission zu begeben, um einen mächtigen Ritterorden zurückzuerobern. Diese Fraktion hat ihre Wurzeln in der Geschichte der Göttlichen Kreuzfahrer und ist ideal für Spieler, die ein legendärer Held werden möchten, indem sie die Macht des Göttlichen Kreuzfahrers nutzen und rechtschaffene Aufgaben erfüllen. Die Ritter der Neun bieten eine fesselnde Handlung, herausfordernde Quests und mächtige Belohnungen, die die Zukunft von Cyrodiil prägen können.

Beitritt zu den Rittern der Neun

Um den Rittern der Neun beizutreten, müssen Spieler zunächst die Questreihe beginnen, indem sie zur White Stallion Lodge reisen, die sich in der Nähe der Stadt Anvil befindet. Die Questreihe beginnt mit einer Traumvision, in der der Protagonist von Pelinal Whitestrake, einem legendären Helden aus Tamriels Vergangenheit, geführt wird. Der Spieler hat die Aufgabe, die Krone des Kreuzfahrers auf dem Pilgerweg zu finden und einen göttlichen Ruf zu erfüllen.

Der Orden der Ritter der Neun wurde zu Ehren von Pelinal Whitestrake gegründet, der gegen die daedrischen Streitkräfte kämpfte und einer der am meisten verehrten Helden in der Geschichte Tamriels war. Um ein wahrer Ritter der Neun zu werden, müssen Spieler durch Tamriel reisen, die verstreuten Relikte von Pelinal Weißplanke einsammeln und sich den Mächten des Bösen stellen.

Aufschlüsselung der Questreihe

Die Questreihe „Ritter der Neun" beinhaltet mehrere wichtige Ziele, die der Spieler erfüllen muss, um vollständig Mitglied dieses Heldenordens zu werden:

- **Pilgerweg:** Der erste Schritt besteht darin, dem Weg des göttlichen Kreuzfahrers zu folgen und die Reliquien von Pelinal Whitestrake zu sammeln. Diese Relikte sind über ganz Cyrodiil verstreut und beinhalten eine Reihe von Quests und Herausforderungen.

- **Die neun Reliquien:** Die Questreihe dreht sich um das Sammeln aller neun heiligen Relikte, die mit dem göttlichen Kreuzfahrer in Verbindung stehen. Dazu gehören die Krone des Kreuzfahrers, die Stiefel des Kreuzfahrers, der Helm des Kreuzfahrers und andere mächtige Gegenstände. Jedes Relikt ist an verschiedenen Orten in Cyrodiil versteckt und um sie wiederzufinden, müssen oft Rätsel gelöst, mächtige Feinde besiegt oder andere Quests abgeschlossen werden.

- **Wiederaufbau des Ordens**r: Sobald die Reliquien eingesammelt sind, muss der Spieler die Ritter der Neun wieder aufbauen und dem Orden seinen früheren Glanz zurückgeben. Dazu gehört die Rekrutierung von Mitrittern und deren Führung auf einer Mission zur Wiederherstellung des Erbes des göttlichen Kreuzfahrers.

Hauptziele

- **Wiederherstellung des Vermächtnisses des Kreuzfahrers:** Bauen Sie den Ritterorden wieder auf, indem Sie die heiligen Relikte finden, verschiedene Pilgerreisen absolvieren und sich als würdig erweisen, der göttliche Kreuzfahrer zu werden.

- **Den Mächten des Bösen entgegentreten**: Bei vielen Quests müssen Sie sich mächtigen Feinden stellen, darunter daedrische Fürsten, Banditen und rivalisierende Fraktionen, die die Wiederherstellung des Kreuzfahrerordens verhindern wollen.

- **Ultimatives Opfer**: Der letzte Schritt in der Questreihe erfordert, dass Sie das Schwert des göttlichen Kreuzfahrers in einem Kampf einsetzen, der Ihre Ehre, Stärke und Ihren Mut auf die Probe stellt und Ihren Platz als neuer Ritter der Neun festigt.

Belohnungen und Vorteile

- **Relikte von Pelinal Weißplanke**: Wenn Sie die Relikte sammeln, erhalten Sie Zugang zu mächtiger Ausrüstung, die Ihre Kampffähigkeiten verbessert. Diese Relikte sind mit göttlicher Kraft erfüllt und verleihen Ihren Attributen erhebliche Verbesserungen, wodurch Sie im Kampf stärker werden.

- **Ritter der Neun-Rüstung**: Sobald Sie die Questreihe abgeschlossen haben, können Sie die Ritter der Neun-Rüstung tragen, eine Reihe legendärer Rüstungen, die erheblichen Schutz bieten und Ihre Kraft und Ausdauer verbessern.

- **Ein wahrer Held werden**: Wenn Sie die Questreihe „Ritter der Neun" abschließen, erhalten Sie den Titel „Göttlicher Kreuzfahrer", was Sie zu einem der größten Helden in der Geschichte von Tamriel macht. Sie werden sowohl vom einfachen Volk als auch von den Adligen geehrt und Ihr Vermächtnis als Ritter der Ehre und Gerechtigkeit wird ein Teil der Geschichte von Cyrodiil werden.

Gildentaktiken: Wie man das Beste aus den Rittern der Neun herausholt

Die Knights of the Nine bieten eine einzigartige Mischung aus Kampf, Ehre und göttlicher Magie. Spieler sollten sich für diese Questreihe darauf konzentrieren, einen Panzer/Kämpfer oder Hybridcharakter zu bauen, da die meisten Herausforderungen sowohl physische Kämpfe als auch magische Unterstützung erfordern. Für diesen Spielstil sind schwere Rüstung, Klinge oder stumpf und Wiederherstellungsfähigkeiten dringend zu empfehlen. Darüber hinaus kann das Schwert des göttlichen Kreuzfahrers als mächtige Waffe zum Kampf gegen Feinde eingesetzt werden, was die Ritter der Neun zu einer perfekten Fraktion für diejenigen macht, die ihre Feinde im Kampf dominieren wollen.

Daedrische Quests: Abschließen der Daedrischen Prinz-Quests für mächtige Artefakte

Die daedrischen Quests in Oblivion Remastered sind eine Reihe von Quests im Zusammenhang mit den daedrischen Prinzen, den mächtigen, oft chaotischen Wesen aus den daedrischen Reichen. Durch das Abschließen dieser Quests erhält der Spieler Zugang zu einigen der mächtigsten und einzigartigsten Artefakte im Spiel, von denen viele erhebliche Vorteile im Kampf, in der Magie und im Verborgenen bieten. Diese Quests sind in der Regel moralisch zweideutig und beinhalten oft das Treffen schwieriger Entscheidungen, die sich auf Ihre Beziehung zu den Daedra-Prinzen auswirken.

So starten Sie die daedrischen Quests

Um mit den daedrischen Quests zu beginnen, müssen Sie zunächst die Schreine der daedrischen Prinzen finden, die über ganz Cyrodiil verstreut sind. Diese Schreine sind normalerweise an abgelegenen oder gefährlichen Orten versteckt und die daedrischen Prinzen verlangen bestimmte Opfergaben oder Aktionen, bevor sie Ihnen ihre Gunst erweisen. Manche Quests sind schwieriger zu finden als andere, daher ist es wichtig, die Welt gründlich zu erkunden und nach Hinweisen Ausschau zu halten.

Jeder daedrische Prinz hat seine eigene einzigartige Aufgabe, bei der es darum gehen kann, Rätsel zu lösen, dunkle Rituale durchzuführen oder in seinem Namen Feinde zu töten. Die daedrischen Prinzen sind mächtig und werden Sie mit Artefakten belohnen, die oft sowohl Vor- als auch Nachteile haben. Diese Quests sind optional, bieten aber erhebliche Belohnungen.

Daedrische Fürsten und ihre Quests

- **Mehrunes Dagon:** Der daedrische Prinz der Zerstörung und des Chaos, bekannt dafür, Mehrunes' Rasiermesser zu verleihen, einen tödlichen Dolch, der massiven Schaden verursacht. Seine Mission erfordert, dass Sie einen unwürdigen Rivalen eliminieren und beweisen, dass Sie würdig sind, seine Gunst zu erlangen.

- **Molag links:** Molag Bal, der für seine Assoziation mit Herrschaft und Versklavung bekannt ist, bietet den Streitkolben von Molag Bal an, eine Waffe, die Ihren Feinden das Leben entzieht. Seine Aufgabe besteht darin, eine bestimmte Person zur Unterwerfung zu zwingen.

- **Boethiah:** Boethiah, der daedrische Prinz der Täuschung und des Verrats, bietet die Ebony Mail an, eine Rüstung, die die Tarnung erhöht und den Schaden verringert. Seine Quest beinhaltet typischerweise eine blutige Kampfprobe, um Ihre Stärke und Entschlossenheit auf die Probe zu stellen.

- **Sheogorath**: Der verrückte daedrische Prinz Sheogorath gewährt den Wabbajack, einen Stab, der Feinde zufällig in verschiedene Kreaturen verwandelt. Seine Suche ist oft humorvoller als andere und erfordert die Teilnahme an einer bizarren und unvorhersehbaren Kette von Ereignissen.

Belohnungen und Artefakte

Die Hauptbelohnungen für das Abschließen der daedrischen Quests sind die mächtigen daedrischen Artefakte. Diese Gegenstände gehören zu den begehrtesten im Spiel und bieten jeweils einzigartige Fähigkeiten oder Verbesserungen. Der Ring von Hircine ermöglicht es dem Träger beispielsweise, sich in einen Werwolf zu verwandeln, während die Maske von Clavicus Vile Ihre Sprach- und Charmefähigkeiten verbessert.

Zusätzlich zu mächtigen Artefakten verschafft Ihnen das Abschließen dieser Quests auch Gunst bei den daedrischen Prinzen, was für diejenigen nützlich sein kann, die die dunklere Seite des Spiels erkunden oder Zugang zu eher daedrischen Quests erhalten möchten.

Gildentaktiken: Wie man das Beste aus den daedrischen Quests macht

- **Nahkampf- oder Hybrid-Builds**: Viele der daedrischen Artefakte sind auf den physischen Kampf ausgerichtet, daher eignet sich ein Panzer-/Kämpfer- oder Hybrid-Build gut für diese Fraktion.

- **Magischer Aufbau**s: Für Spieler, die sich auf Zerstörung oder Beschwörung konzentrieren, bieten die daedrischen Prinzen mächtige magische Artefakte an, wie zum Beispiel Azuras Stern, der Seelen einfangen und Magicka auffüllen kann.

- **Strategische Entscheidungen:** Bei den daedrischen Quests müssen Sie oft schwierige moralische Entscheidungen treffen. Sie müssen also bereit sein, die Konsequenzen Ihres Handelns zu akzeptieren. Viele der daedrischen Fürsten bieten sowohl verlockende Belohnungen als auch dunkle Aufgaben, die die Ethik und Weltanschauung Ihres Charakters in Frage stellen.

Gildentaktiken: Wie man die Stärken und den einzigartigen Spielstil jeder Gilde optimal nutzt

Jede Gilde in Oblivion Remastered hat ihre eigenen Stärken und einen einzigartigen Spielstil. Um in jeder Gilde herauszuragen, müssen Sie sich auf die Fähigkeiten und Attribute konzentrieren, die mit ihren Zielen und Quests übereinstimmen.

Taktiken der Kämpfergilde

- Konzentrieren Sie sich auf Stärke, Ausdauer und schwere Rüstungsfähigkeiten.
- Verwenden Sie Klingen- oder stumpfe Waffen, um Schaden und Effektivität zu maximieren.
- Erwägen Sie Blocken, um den erlittenen Schaden bei harten Kämpfen zu reduzieren.

Taktiken der Magiergilde

- Konzentrieren Sie sich auf Zauberschulen für Zerstörung, Wiederherstellung und Veränderung.
- Nutze Magicka-Managementtechniken, um den Zauberfluss aufrechtzuerhalten.
- Erwägen Sie die Beschwörung, um Verbündete oder magische Waffen zu beschwören.

Taktiken der Diebesgilde

- Priorisieren Sie Schleich-, Taschendiebstahl- und Sicherheitsfähigkeiten.

- Benutze Stealth- und Unsichtbarkeitszauber, um dich unentdeckt zu bewegen.
- Verbessern Sie Ihre Akrobatik und Leichtathletik, um schwierigen Situationen zu entkommen.

Taktiken der Dunklen Bruderschaft

- Konzentrieren Sie sich auf Attentats- und Heimlichkeitsfähigkeiten.
- Verwenden Sie die Zauber „Nachtauge" und „Unsichtbarkeit" für bessere Schleichangriffe.
- Spezialisieren Sie sich auf Scharfschütze oder Klinge für den Fern- oder Nahkampf.

Die Knights of the Nine, Daedric Quests und die verschiedenen Gilden bieten einen tiefgreifenden, dynamischen Ansatz für die Charakterentwicklung in Oblivion Remastered. Egal, ob Sie lieber ein heiliger Kreuzfahrer, ein dunkler Attentäter oder ein mächtiger Magier werden möchten, diese Fraktionen bieten reichhaltige Quests und mächtige Belohnungen, die Ihre Reise durch die Welt von Cyrodiil bereichern. Indem Sie die Stärken jeder Gilde kennen und die Fähigkeiten Ihres Charakters anpassen, können Sie sicherstellen, dass Sie die Herausforderungen jeder Fraktion erfolgreich meistern und der mächtigste Abenteurer im Spiel werden.

KAPITEL 6

BOSSKÄMPFE UND EINZIGARTIGE FEINDE

Vollständige Bossliste: Eine detaillierte Liste aller wichtigen und optionalen Bosse im Spiel, ihre Standorte und Statistiken

Oblivion Remastered ist die Heimat einer breiten Palette beeindruckender Bosse, sowohl großer als auch optionaler, die Ihre Kampffähigkeiten, Strategie und Anpassungsfähigkeit auf die Probe stellen. Der Schwierigkeitsgrad dieser Bosse variiert, wobei einige einzigartige Herausforderungen bieten, die eine sorgfältige Vorbereitung und die Beherrschung verschiedener Kampftechniken erfordern. In diesem Abschnitt werden wir alle wichtigen Bosse im Spiel sowie einige der optionalen Bosse aufschlüsseln, die seltene Belohnungen und Erfolge bieten.

Große Bosse

1. Mehrunes Dagon

- **Standort**: Der Tempel des Einen
- **Statistiken:** Stufe 30, hoher Gesundheitsvorrat (~4000 Gesundheit), starke Resistenz gegen Feuer, Magie und physischen Schaden.
- **Fähigkeiten:** Feuerbasierte Angriffe, die Daedra beschwören. Kann massiven AoE-Schaden verursachen und Dremora-Lords herbeirufen, um im Kampf zu helfen.

→ **Strategie:**

- **Kampf**: Konzentrieren Sie sich auf das Blocken und Ausweichen seiner feuerbasierten Angriffe. Benutze Veränderungsmagie, um dich vor Schaden zu schützen, und Wiederherstellung, um zu heilen. Halten Sie Abstand, wenn er Feuerbälle aus der Ferne einsetzt, und schließen Sie die Lücke, wenn er Nahkampfhiebe einsetzt. Um die Dremora-Lords zu beschwören, musst du Beschwörungszauber oder einen starken Beschwörungsverbündeten einsetzen, um sie auszuschalten, während du dich auf Dagon konzentrierst.

- **Magische Angriffe**: Benutze Zerstörungsmagie mit Elementareffekten, gegen die Dagon schwach ist (z. B. Frost oder Schock).

- **Vorbereitung:** Stellen Sie vor dem Kampf sicher, dass Sie über starke Feuerresistenz und Heiltränke verfügen, und nutzen Sie herbeigerufene Verbündete für zusätzliche Unterstützung.

2. **Die Schlacht bei Kvatch: Bosskampf gegen die daedrischen Streitkräfte des Oblivion-Tors**

- **Standort:** Kvatch-Tor des Vergessens
- **Statistiken:** Daedrische Feinde (verschiedene Werte), das Portal selbst.
- **Fähigkeiten:** Daedrisches Feuer, Flammenangriffe und schwerer Nahkampfschaden.

→ Strategie:

- **Kampf:** Die daedrischen Feinde in diesem Bereich sind schwierig, also nutzen Sie Magie und Fernkampfangriffe, um sie aus der Ferne zu bekämpfen. Stürzen Sie sich nicht in den Kampf. Nutzen Sie die Umgebung zu Ihrem Vorteil und gehen Sie hinter Gebäuden in Deckung, um eingehenden Schaden zu vermeiden.

- **Daedrische Krafts:** Schalten Sie zuerst die daedrischen Fernkampfbogenschützen aus, da diese mit ihren Feuerbällen eine erhebliche Bedrohung darstellen. Beschwöre daedrische Fürsten oder Atronachen, um in diesem Kampf zu helfen, da sie die Feinde ablenken können, während du dich auf das Tor konzentrierst.

- **Letzter Kampf:** Zerstöre das Oblivion-Tor so schnell wie möglich, um die endlose Entstehung daedrischer Streitkräfte zu stoppen.

3. **Baurus' letztes Gefecht: Die letzte der Klingen**

- **Standort:** Die Kaiserstadt
- **Statistiken:** Stufe 25, hohe Gesundheit (~3000 Gesundheit), mäßige Rüstung.
- **Fähigkeiten:** Nahkampfangriffe mit hohem Schaden, defensive Haltung.
→ **Strategie:**

  - **Kampf:** Baurus setzt sein Schwert und seine Schilde effizient ein, aber seine größte Schwäche ist seine Abhängigkeit von der Verteidigung. Konzentrieren Sie sich auf magische Angriffe, um seine Haltung zu schwächen. Verwenden Sie Wiederherstellungszauber, um sich nach ein paar Treffern zu heilen und seine Gegenangriffe zu bewältigen.

  - **Ausdauer:** Er verlässt sich auf Blocken und Parieren, daher ist der Einsatz einer magischen Angriffsstrategie (insbesondere Zerstörungszauber) der Schlüssel zu seinem Sieg.

Optionale Bosse

1. **Die Assassinen der Dunklen Bruderschaft**

- **Standort:** Verschiedene Orte (basierend auf Quests)
- **Statistiken:** Variiert je nach Ziel, normalerweise Level 20–25.

- **Fähigkeiten**: Heimlichkeit, hinterlistiger Angriff, Nahkampf mit hohem Schaden.

→ **Strategie:**

- **Kampf:** Die Ziele der Dunklen Bruderschaft sind heimlich und im Nahkampf äußerst effizient. Um nicht hintergangen zu werden, verwenden Sie die Zauber „Unsichtbarkeit" und „Nachtauge". Wenn Sie sich diesen Attentätern stellen, ist es aus Sicherheitsgründen besser, Fernkampfwaffen (z. B. Bogen oder Armbrust) zu verwenden.

- **Heimlichkeit:** Positionieren Sie sich vorsichtig, um zu verhindern, dass sie sich hinter Ihnen anschleichen. Um diesen Attentätern aus dem Weg zu gehen, ist es wichtig, auf die Umgebung zu achten.

2. Die daedrischen Artefakt-Quests: Die Diener der daedrischen Prinzen

- **Standort:** Verschiedene daedrische Schreine in ganz Cyrodiil.
- **Statistiken:** Variiert je nach daedrischem Prinzen, normalerweise Stufe 25–40.
- **Fähigkeiten**: Einzigartig für jeden Prinzen, einschließlich Feuer, Eis, Schock, Beschwörung oder Gedankenkontrolle.

→ **Strategie:**

- **Kampf:** Jeder daedrische Prinz schickt einen anderen Diener oder eine andere Herausforderung. Bei Boethiahs Herausforderung müssen Sie beispielsweise eine Gruppe von Feinden bekämpfen, während

Sheogoraths Quest die Manipulation der Umgebung beinhalten kann. Bereiten Sie sich auf jeden dieser Fälle vor, indem Sie Zauber und Waffen einsetzen, die den spezifischen Fähigkeiten der daedrischen Prinzen entgegenwirken.

- ■ **Beste Waffen**: Daedrische Waffen und schwere Rüstungen können Schutz gegen hochstufige daedrische Feinde bieten.

3. Der bewundernde Fan

- ● **Standort:** Kaiserstadt
- ● **Statistiken:** Stufe 15, durchschnittliche Gesundheit (~500).
- ● **Fähigkeiten:** Keine echten Kampffähigkeiten; kann eine Ablenkung sein.

→ Strategie:

- ■ **Kampf:** Dieser optionale Bosskampf ist ein bisschen ein Witz, aber es ist eine interessante Begegnung. Wenn Sie barmherzig sind, wird es nicht schwer sein, den Anbetenden Fan zu besiegen. Es ist jedoch besser, ihn zu verlassen und seine Eskapaden zu ignorieren, während er Ihnen folgt.

So besiegen Sie die härtesten Feinde: Strategien für jeden Boss, einschließlich Tipps zu Kampf, Magie und Positionierung

Mehrunes Dagon

Positionierung: Der Schlüssel zum Kampf gegen Mehrunes Dagon besteht darin, die Umgebung zu Ihrem Vorteil zu nutzen. Stellen Sie sich nach Möglichkeit in Deckung, um seinen Feuerballangriffen auszuweichen. Nehmen Sie an Fernkämpfen teil, wann immer Sie können, und nutzen Sie dabei Zerstörungszauber oder einen Bogen. Wenn Sie näher heran müssen, nutzen Sie die Zauber „Unsichtbarkeit" oder „Nachtauge", um sich unentdeckt zu nähern.

Kampftipps:

- Nutze Feuerwiderstand, um seine flammenbasierten Angriffe abzuwehren.
- Beschwöre Verbündete mit Beschwörungen, um ihn abzulenken und einige seiner Angriffe zu absorbieren, während du dich auf das Verursachen von Schaden konzentrierst.
- Magische Schilde sind entscheidend für die Reduzierung des erlittenen Schadens. Rüste einen starken Schildzauber aus, um seinen feuerbasierten Schaden zu absorbieren.

Die Schlacht bei Kvatch

Positionierung: Verwenden Sie Fernangriffe oder Zauber, um Feinde aus der Ferne zu bekämpfen. Bewegen Sie sich beim Öffnen der Oblivion-Tore vorsichtig und achten Sie auf Ihre Umgebung.

Kampftipps:

- Konzentrieren Sie sich zuerst auf daedrische Bogenschützen, da diese Sie aus großer Entfernung treffen können.
- Nutze Beschwörungen, um die Dremora-Lords abzulenken, während du dich mit anderen Feinden beschäftigst.
- Rüsten Sie sich mit Feuerwiderstandszaubern oder Tränken aus, um dem ständigen Sperrfeuer feuerbasierter Angriffe standzuhalten.

Die Assassinen der Dunklen Bruderschaft

Positionierung: Nutzen Sie die Tarnung, um dem Tarnungsansatz der Dunklen Bruderschaft entgegenzuwirken. Verwenden Sie Unsichtbarkeit und Nachtauge, um unsichtbar zu bleiben. Sie können den Adoring Fan als Köder verwenden, um die Attentäter abzulenken, oder sie einfach aus der Ferne mit einem Bogen bekämpfen.

Kampftipps:

- Rüsten Sie sich mit vergifteten Pfeilen aus oder stechen Sie mit einem Dolch in den Rücken, um tödliche Schläge zu erzielen.
- Der Schlüssel liegt darin, wachsam zu bleiben. Attentäter verlassen sich auf hinterhältige Angriffe, und wenn Sie sie frühzeitig erwischen, haben Sie einen Vorteil.

Geheime Bosse: Versteckte Bosse und seltene Begegnungen, einschließlich wo man sie findet und wie man sie bekämpft

Während viele der Bosse des Spiels über Hauptquests gefunden werden können, lauern in ganz Cyrodiil mehrere geheime Bosse. Diese Begegnungen erfordern bestimmte Aktionen, um sie auszulösen, und wenn man sie besiegt, wird der Spieler oft mit seltenen Gegenständen oder bedeutenden Erfolgen belohnt.

Versteckte Bosse

1. **Der Großmeister der Dunklen Bruderschaft**

- **Standort:** Das Heiligtum der Dunklen Bruderschaft
- **Strategie:** Für diesen Boss musst du alle Attentatsmissionen der Dunklen Bruderschaft abschließen. Sobald Sie die Endphase erreicht haben, wird der Großmeister eine Herausforderung

darstellen. Benutze Tarnung und magische Buffs, um mit diesem Boss fertig zu werden. Scheuen Sie sich nicht, Kreaturen zu beschwören, die während des Kampfes mit Adds umgehen.

2. **Der Lichkönig**

- **Standort:** Versteckt in den Ayleiden-Ruinen
- **Strategie:** Der Lichkönig ist ein mächtiges untotes Wesen, bei dem der Spieler ein uraltes Rätsel lösen und die Krone des Untoten zurückholen muss. Nutzen Sie im Kampf Frost- oder Schockangriffe, um die feuerbasierte Magie des Lichkönigs zu neutralisieren. Schützen Sie sich mit Veränderungszaubern wie „Schild" und bleiben Sie mobil, um seinem mächtigen Zauber „Diener beschwören" auszuweichen.

Spezialfähigkeiten und Angriffe: Bossspezifische Angriffe, auf die man achten sollte, und wie man ihnen entgegenwirkt

Mehrunes Dagons Feuersturm:

- **Wie man kontert:** Dieser mächtige AoE-Feuerangriff kann eine Gruppe Abenteurer auslöschen. Verwenden Sie Feuerwiderstandstränke oder Veränderungszauber wie Schild, um den Schaden zu minimieren. Alternativ können Sie auch die Beschwörung nutzen, um Kreaturen zu beschwören, die die Hauptlast des Angriffs aushalten können.

Baurus' Gegenangriff:

- **So kontern Sie:** Baurus beherrscht das Blocken und Parieren Ihrer Schläge. Benutze Zerstörungszauber, um ihn aus der Ferne zu schwächen, und schließe die Lücke dann mit deiner Nahkampfwaffe, sobald seine Verteidigung nachlässt.

Stiller Schlag der Assassinen der Dunklen Bruderschaft:

- **Wie man kontert**: Sie verlassen sich stark auf Heimlichkeit und Hinterhältigkeit. Verwenden Sie die Zauber „Nachtauge" und „Unsichtbarkeit", um einer Entdeckung zu entgehen. Tragen Sie Heiltränke und Giftresistenz bei sich, um längere Angriffe zu überstehen.

Bosskämpfe in Oblivion Remastered gehören zu den anspruchsvollsten und zugleich lohnendsten Aspekten des Spiels. Egal, ob Sie gegen die daedrischen Prinzen kämpfen, sich einem mächtigen Lich stellen oder mit den heimlichen Assassinen der Dunklen Bruderschaft fertig werden, jede Begegnung erfordert sorgfältige Strategie, Positionierung und den richtigen Einsatz von Magie, Kampf und Stealth-Mechaniken. Mit dem richtigen Ansatz können Sie jeden Feind besiegen, der Ihnen im Weg steht.

KAPITEL 7

WAFFEN- UND GEGENSTANDSLISTEN

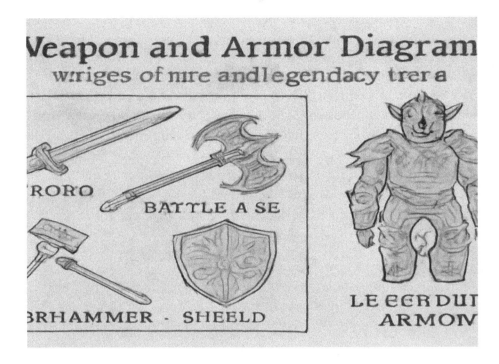

Vollständige Waffenliste:

In Oblivion Remastered spielen Waffen eine zentrale Rolle im Kampf und ermöglichen es den Spielern, ihren Spielstil an ihre bevorzugte Angriffsmethode anzupassen. Ganz gleich, ob Sie den Nahkampf mit Schwertern, Fernangriffe mit Bögen oder die Verwendung mächtiger magischer Stäbe bevorzugen, Oblivion bietet eine große Auswahl an Waffen, jede mit unterschiedlichen Eigenschaften, Vorteilen und Einsatzstrategien. In diesem Abschnitt wird die vollständige Liste der

Waffen behandelt, darunter Nahkampfwaffen, Fernkampfwaffen sowie magische Stäbe und verzauberte Waffen, zusammen mit Tipps, wie man sie in verschiedenen Kampfsituationen effektiv einsetzt.

Nahkampfwaffen (Schwerter, Äxte, Streitkolben usw.)

Nahkampfwaffen sind oft die erste Wahl für Spieler, die es vorziehen, Feinde aus der Nähe anzugreifen. Diese Waffen sind effektiv, um direkten physischen Schaden zu verursachen, wobei jeder Typ seine eigenen Vor- und Schwächen hat. Die Wahl der Waffe hat großen Einfluss auf Ihre Kampftaktiken und die Charakterentwicklung.

Schwerter

Schwerter sind der vielseitigste und häufigste Waffentyp in Oblivion. Sie sind schnell, zuverlässig und bieten eine gute Schadensausbeute bei gleichzeitig angemessener Reichweite. Schwerter sind ideal für Spieler, die ein Gleichgewicht zwischen Geschwindigkeit und Schaden wünschen.

- **Stärken:** Hohe Angriffsgeschwindigkeit, hervorragend für Combo-Schläge und schnelle Angriffe. Gute Balance zwischen Angriff und Verteidigung.

- **Schwächen:** Mäßiger Schaden im Vergleich zu anderen Nahkampfwaffen. Weniger effektiv gegen schwer gepanzerte Feinde.

- **Rempfohlen für:** Hybride Builds, Diebe und leichte Kämpfer, die Geschwindigkeit und Mobilität benötigen.

- **Beste Schwerter:**

  - **Silbernes Schwert**: Ideal für den Kampf gegen Untote oder daedrische Feinde.

  - **Claymore:** Eine Zweihandwaffe mit mehr Schaden, aber langsamerer Angriffsgeschwindigkeit.

  - **Daedrisches Schwert:** Eines der besten Schwerter im Spiel, mit hohem Schaden und hervorragender Haltbarkeit.

Äxte

Äxte verursachen mehr Schaden als Schwerter, haben aber eine langsamere Angriffsgeschwindigkeit. Aufgrund ihres hohen Schadensausstoßes sind sie besonders effektiv gegen Feinde mit schwerer Rüstung. Äxte sind eine gute Wahl für Panzer-ähnliche Builds, bei denen es darauf ankommt, aus nächster Nähe hohen Schaden zu verursachen.

- **Stärken**: Hoher Schaden, effektiv gegen gepanzerte Feinde, kann bei jedem Schlag ernsthaften Schaden anrichten.

- **Schwächen:** Langsame Angriffsgeschwindigkeit, wodurch sie in Situationen, in denen schnelle, aufeinanderfolgende Schläge erforderlich sind, weniger effektiv sind.

- **Empfohlen für:** Panzer-/Jäger-Builds, die hohen Schaden verursachen und sich auf offensive Kämpfe konzentrieren wollen.

- Bist Achsen:

  - **Kriegsaxt:** Eine ausgewogene Waffe, die angemessenen Schaden ohne allzu große Verlangsamung bietet.

  - **Zwergische Streitaxt:** Hoher Schaden und eine gute Wahl für Tank-Builds.

  - **Daedrische Streitaxt:** Eine der besten Äxte, die enormen Schaden und hohe Angriffskraft bietet.

Streitkolben

Streitkolben sind langsamer als Schwerter und Äxte, führen aber verheerende Schläge aus, die einen Teil der Rüstung eines Feindes ignorieren können. Streitkolben sind besonders nützlich für Charaktere, die sich auf Panzer konzentrieren, und eignen sich ideal für den Umgang mit hochverteidigungsfähigen Feinden wie Rittern und gepanzerten Feinden.

- **Stärken:** Hoher Schaden, panzerbrechende Fähigkeiten, hervorragend für harte Gegner.

- **Schwächen:** Langsame Angriffsgeschwindigkeit und kurze Reichweite. Erfordert einen langsameren, methodischeren Kampfansatz.

- **Empfohlen für:** Panzer-/Jäger-Builds oder Spieler, die sich mit schwerer Panzerung durch harte Gegner kämpfen wollen.

- **Beste Streitkolben:**
  - **Eisenstreitkolben:** Ein einfacher, aber solider Streitkolben, der konstanten Schaden verursacht.

- Zwergen-Mace: Höherer Schaden und bessere Haltbarkeit für härtere Schlachten.

- Daedrischer Streitkolben: Eine der besten Waffen im Spiel für rohen Schaden.

Dolche

Dolche sind die schnellsten Nahkampfwaffen im Spiel und zeichnen sich durch Tarnung und kritischen Trefferschaden aus. Während ihr Grundschaden im Vergleich zu Schwertern oder Äxten gering ist, machen sie dies durch Geschwindigkeit und die Fähigkeit, Stealth-Kills auszuführen, wett. Dolche sind ideal für Attentäter, Diebe und alle, die sich auf heimliche Taktiken konzentrieren.

- **Stärken:** Extrem schnell, ideal für Stealth- und schnelle Angriffe. Ideal für hinterhältige Angriffe und kritische Treffer.

- **Schwächen:** Geringer Schaden im Vergleich zu anderen Nahkampfwaffen. Im direkten Kampf nicht effektiv.

- **Empfohlen für:** Heimliche Charaktere, Attentäter und Diebe.

- **Beste Dolche:**
    - **Eisendolch:** Ein einfacher Dolch mit schneller Angriffsgeschwindigkeit und angemessenem Nutzen.
    - **Glasdolch:** Hochwertig und schnell, ideal für Stealth-Kills.
    - **Mehrunes' Rasiermesser:** Ein einzigartiger daedrischer Artefaktdolch mit der Chance, einen Feind bei einem Treffer sofort zu töten.

Fernkampfwaffen (Bögen, Armbrüste)

Fernkampfwaffen in Oblivion Remastered sind unverzichtbar für Spieler, die lieber aus der Ferne Schaden anrichten, ihre Feinde auf Abstand halten und gleichzeitig die Kontrolle über das Schlachtfeld behalten. Im Fernkampf kommt es stark auf Genauigkeit, Distanz und Taktik an.

Bögen

Bögen sind die häufigste Fernkampfwaffe in Oblivion. Sie bieten große Vielseitigkeit und hohen Schadensausstoß, insbesondere in Kombination mit Spezialpfeilen wie Feuerpfeilen, Giftpfeilen oder Silberpfeilen. Bögen eignen sich hervorragend für Stealth-Charaktere, da sie lautlose Tötungen aus der Ferne ermöglichen.

- **Stärken:** Hervorragende Reichweite und Vielseitigkeit. Lautlos, sodass heimliche Tötungen möglich sind.
- **Schwächen:** Im Nahkampf eingeschränkt und auf Pfeile als Munition angewiesen.
- **Empfohlen für:** Stealth, Bogenschützen und Spieler, die den Fernkampf bevorzugen.

- **Beste Bögen:**
    - **Elfenbogen**: Ein ausgewogener Bogen mit ordentlichem Schaden und Geschwindigkeit.
    - **Glasbogen des Hirschprinzen:** Ein mächtiger Bogen mit hohem Grundschaden und einem einzigartigen Effekt.
    - **Daedrischer Bogen:** Einer der besten Bögen im Spiel, der extrem hohen Schaden und Präzision bietet.

Armbrüste

Armbrüste ähneln Bögen, verursachen jedoch mehr Schaden auf Kosten einer langsameren Schussgeschwindigkeit. Armbrüste zeichnen sich durch hohen Schaden aus und eignen sich hervorragend für Spieler, die hohen Schaden in einem methodischeren Kampfstil bevorzugen. Allerdings benötigen Armbrüste auch Bolzen (Munition) und sie lassen sich langsamer nachladen und abfeuern als Bögen.

- **Stärken**: Hoher Schaden, besonders nützlich im Kampf gegen schwer gepanzerte Feinde.
- **Schwächen**: Langsame Feuerrate und begrenzte Munition.
- **Empfohlen für**: Verursacht großen Schaden oder Spieler, die langsame, kalkulierte Angriffe bevorzugen.

- **Beste Armbrüste:**
  - **Zwergenarmbrust**: Eine solide Armbrust mit hohem Schaden, ideal für schwere Treffer.

  - **Daedrische Armbrust**: Extrem mächtig, perfekt, um harten Gegnern massiven Schaden zuzufügen.

Magische Stäbe und verzauberte Waffen

Magische Stäbe und verzauberte Waffen in Oblivion Remastered verleihen Ihren Kampfoptionen eine zusätzliche Ebene an Vielseitigkeit. Diese Gegenstände können entweder automatisch Zauber wirken, wenn sie verwendet werden, oder mit ihnen sind magische Effekte verbunden. Sie sind besonders nützlich für Magier, Hybrid-Builds oder diejenigen, die ihrem Kampfstil ein wenig Magie hinzufügen möchten.

Magische Stäbe

Magische Stäbe sind einzigartige Waffen in Oblivion, da sie nicht nur physischen Schaden verursachen, sondern Ihnen auch das Wirken von Zaubern ermöglichen. Einige Stäbe wirken automatisch einen Zauber, wenn sie im Kampf verwendet werden, während andere Stärkungs- oder Schwächungseffekte bewirken.

- **Stärken:** Gewähren Sie Zugriff auf Zaubersprüche, ohne Magicka zu verbrauchen. Nützlich für Hybridcharaktere oder Magier, die physischen Kampf mit Magie kombinieren möchten.
- **Schwächen:** Geringerer physischer Schaden im Vergleich zu Schwertern oder Äxten. Notensysteme sind oft langsamer und umständlicher.
- **Empfohlen   fürr:**   Magier   oder Hybrid-Zauberer/Kämpfer-Builds.

- **Beste magische Stäbe:**
  - **Stab von Magnus:** Der mächtigste Stab im Spiel, der magischen Zerstörungsschaden verursacht und die Magicka des Feindes absorbiert.

  - **Mitarbeiter des Everscamp**: Ermöglicht die Beschwörung eines Everscamp zur Unterstützung im Kampf, was es ideal für Spieler macht, die zusätzliche Hilfe beschwören möchten.

Verzauberte Waffen

Verzauberte Waffen sind magische Waffen, die zusätzlich zu ihrem physischen Schaden zusätzliche Effekte bieten. Diese Effekte können von Elementarschaden (Feuer, Schock, Frost) bis hin zu lebensraubenden Fähigkeiten oder der Schwächung Ihrer Feinde reichen. Verzauberung ermöglicht große Flexibilität und diese Waffen sind eine großartige Möglichkeit, mit spezifischen Schwächen des Feindes umzugehen.

- **Stärken**: Kann Elementarschaden verursachen oder Statuseffekte bereitstellen, wodurch Sie gegen bestimmte Arten von Feinden die Oberhand gewinnen. Sie können auch die allgemeine Kampfeffektivität Ihres Charakters verbessern.

- **Schwächen**: Die Anzahl der Verwendungsmöglichkeiten ist begrenzt, da die Verzauberung je nach Ladung der Waffe irgendwann erschöpft sein kann.

- **Empfohlen für**: Alle Spielstile. Besonders nützlich für Spieler, die auf die Schwächen bestimmter Feinde abzielen möchten.

- **Beste verzauberte Waffen:**
  - **Schwert von Jyggalag**: Eine Artefaktwaffe, die die Stärke erhöht und physischen und magischen Schaden verursacht.

  - **Volendrung**: Ein daedrisches Artefakt, das Gegnern Ausdauer entzieht und in Verbindung mit anderen Nahkampf-Builds verwendet werden kann.

Beste Waffen für Kampfklassen und Spielstile

Die Wahl der besten Waffe für Ihre Kampfklasse in Oblivion Remastered kann Ihre Leistung im Kampf erheblich beeinflussen. Nachfolgend finden Sie einige der besten Waffen für jeden Spielstil.

Nahkämpfer (Panzer-/Jäger-Builds)

Für den Aufbau von Panzern und Jägern benötigen Sie schwere Waffen, die erheblichen Schaden verursachen und gleichzeitig guten Schutz bieten. Streitkolben und Äxte sind ideal für diese Builds.

- **Beste Waffen:**
    - **Daedrischer Streitkolben:** Hoher Schaden, ideal für Tank-Builds.
    - **Daedrische Streitaxt:** Um mit jedem Treffer großen Schaden zu verursachen.

Stealth/Assassinen-Builds

Stealth- und Assassinen-Builds konzentrieren sich auf Geschwindigkeit, Beweglichkeit und kritische Treffer. Dolche und Bögen eignen sich perfekt für diese Builds, da sie lautlose Kills und schnelle Angriffe ermöglichen.

- **Beste Waffen:**
    - **Mehrunes' Razor:** Ein Dolch mit der Chance, sofort zu töten.
    - **Glasbogen des Hirschprinzen:** Hervorragend geeignet für heimliche Fernangriffe.

Magier-/Zauberer-Builds

Für magische Builds sind Waffen erforderlich, die magische Fähigkeiten verstärken, wie zum Beispiel magische Stäbe und verzauberte Waffen. Diese Waffen ermöglichen es Magiern, mit Zaubersprüchen zu kämpfen und dabei ihre magischen Fähigkeiten zu bewahren.

- **Beste Waffen:**
  - ○ **Stab von Magnus:** Hervorragend geeignet für Zerstörung und Magicka-Absorption.

  - ○ **Wabbajack:** Ein einzigartiger daedrischer Stab, der Feinde in zufällige Kreaturen verwandelt.

Rüstungen und Schilde, einzigartige und legendäre Gegenstände, Herstellung und Verzauberung

Rüstungen und Schilde: Umfassende Liste von Rüstungen, Schilden und wie man sie herstellt/verzaubert

Rüstungen und Schilde sind wesentliche Bestandteile Ihrer Verteidigung in Oblivion Remastered und bieten Schutz vor den zahlreichen Gefahren, die Cyrodiil heimsuchen. Da es eine Vielzahl an Rüstungstypen gibt, können Sie sich je nach Spielstil auf leichte, mittlere oder schwere Rüstungen spezialisieren. Darüber hinaus sind Schilde von unschätzbarem Wert, um eingehende Angriffe abzuwehren und die Verteidigung im Kampf aufrechtzuerhalten. In diesem Abschnitt erklären wir die verschiedenen Arten von Rüstungen und Schilden, erklären, wie man sie herstellt und verzaubert, und geben Tipps, wie Sie Ihre Verteidigung maximieren können.

Arten von Rüstungen

Rüstungen werden in Oblivion in drei Haupttypen eingeteilt: leichte, mittlere und schwere Rüstung. Jeder Rüstungstyp bietet unterschiedliche Vor- und Nachteile, und Ihre Wahl der Rüstung sollte mit Ihrem Charakteraufbau übereinstimmen.

Leichte Rüstung

Leichte Rüstungen bieten weniger Schutz als schwerere Rüstungen, bieten aber mehr Beweglichkeit und Geschwindigkeit, was sie ideal für heimliche Charaktere macht, die sich schnell bewegen müssen. Dieser Rüstungstyp reduziert den Ausdauerverlust beim Laufen und ermöglicht eine bessere Schleichleistung.

- **Stärken:** Erhöhte Geschwindigkeit, Beweglichkeit und Schleicheffektivität. Geringer Ausdauerverlust.
- **Schwächen:** Reduzierter Schadenswiderstand im Vergleich zu mittlerer oder schwerer Rüstung.
- **Am besten geeignet für:** Diebe, Bogenschützen, Attentäter oder andere Stealth-basierte Builds.

Beste leichte Rüstungssets:

- **Lederrüstung:** Leichte Standardrüstung, die grundlegenden Schutz bietet.
- **Elfenrüstung:** Eine Weiterentwicklung gegenüber Leder, die eine höhere Schadensresistenz und einen besseren magischen Schutz bietet.
- **Glasrüstung:** Eines der besten leichten Rüstungssets im Spiel, das hohe Verteidigung bei relativ geringem Gewicht bietet.

Mittlere Rüstung

Mittlere Panzerung bietet ein Gleichgewicht zwischen Schutz und Geschwindigkeit. Es ist perfekt für Hybrid-Builds geeignet, da es eine gute Verteidigung bietet und dennoch eine angemessene Mobilität ermöglicht.

- **Stärken:** Gute Balance zwischen Verteidigung und Geschwindigkeit. Reduzierter Ausdauerverlust im Vergleich zu schwerer Rüstung.
- **Schwächen:** Etwas geringere Verteidigung als schwere Rüstung.
- **Am besten für:** Hybride Builds, Krieger, die sich auf Angriff und Verteidigung konzentrieren.

Beste mittlere Rüstungssets:

- **Kettenrüstung:** Bietet eine gute Verteidigung bei relativ geringem Gewicht.

- **Zwergenrüstung:** Stärker als Kettenhemd und bietet mehr Schutz.

- **Orkische Rüstung:** Ein robustes Rüstungsset mit großer Verteidigung, wodurch es sowohl für den Nah- als auch für den Fernkampf geeignet ist.

Schwere Rüstung

Schwere Rüstungen bieten den besten Schutz im Spiel, gehen aber mit Geschwindigkeit und Ausdauer einher. Diese Rüstung eignet sich am besten für Panzer-orientierte Charaktere, die Treffer einstecken und im Gegenzug schweren Schaden austeilen können.

- **Stärken:** Hohe Schadensresistenz, insbesondere gegen physische Angriffe.
- **Schwächen:** Langsamere Bewegung und höherer Ausdauerverbrauch.
- **Am besten geeignet für:** Panzer, Krieger und Builds konzentrieren sich darauf, Schaden zu absorbieren und an der Front zu bleiben.

Beste schwere Rüstungssets:

- **Eisenrüstungr:** Einfach, aber effektiv, bietet angemessenen Schutz für niedrigere Ebenen.
- **Daedrische Rüstungr:** Die beste schwere Rüstung in Oblivion, die die höchste Verteidigung im Spiel bietet. Dieses Rüstungsset ist sehr schwer, kann Sie aber im Kampf nahezu unbesiegbar machen.
- **Ebenholzrüstung:** Eine starke, schwere Rüstung mittlerer Stufe, die im Vergleich zur daedrischen Rüstung soliden Schutz bei einer leichten Gewichtsreduzierung bietet.

Schilde

Schilde sind unverzichtbar, um Angriffe abzuwehren und die Verteidigung aufrechtzuerhalten, insbesondere im Nahkampf. Sie können in Verbindung mit Einhandwaffen verwendet werden oder um Ihre Überlebensfähigkeit im Kampf zu verbessern.

Arten von Schilden

- **Buckler:** Kleine Schilde, die schnelle Bewegungen und schnellere Angriffe ermöglichen. Ideal für agile, schnelle Builds.
- **Drachenschilde:** Größere Schilde, die eine bessere Abdeckung und bessere Verteidigungswerte bieten, was sie ideal für Panzer-ähnliche Builds macht.
- **Turmschilde:** Die größten Schilde, die den höchsten Verteidigungswert bieten, aber die Bewegungsgeschwindigkeit und Ausdauer deutlich reduzieren.

Beste Schilde:

- **Eisenschild:** Ein einfacher Schild, ideal für Anfänger.

- **Zwergenschild**: Bietet besseren Schutz und Abwehr gegen physischen Schaden.
- **Daedrischer Schild:** Der beste Schild im Spiel mit den höchsten Verteidigungswerten. In Kombination mit einer daedrischen Rüstung macht dich dieser Schild nahezu unempfindlich gegen Schaden.

Einzigartige und legendäre Gegenstände: Verborgene Schätze, mächtige, einzigartige Waffen und Artefakte

In Oblivion Remastered können Spieler einzigartige und legendäre Gegenstände erwerben, die den Ausgang der Schlacht verändern können. Diese seltenen Artefakte haben oft mächtige magische Effekte und viele sind an Quests oder die Gunst daedrischer Prinzen gebunden. Nachfolgend finden Sie eine Liste einiger der mächtigsten und ikonischsten Gegenstände im Spiel.

Legendäre Waffen

1. **Mehrunes' Rasiermesser**

   - **Typ**: Dolch
   - **Wirkung:** Chance, jeden Gegner bei einem Treffer sofort zu töten.
   - **Wo zu finden:** Mehrunes Dagons Schrein.
   - **Stärken:** Extrem hohe Chance auf einen sofortigen Kill. Es ist ein Muss für heimliche Builds.
   - **Schwächen:** Im Vergleich zu anderen Waffen hat sie einen geringen Grundschaden, aber ihr sofortiger Tötungseffekt macht sie für hinterhältige Charaktere unglaublich mächtig.

2. Wabbajack

- **Typ:** Staff
- **Wirkung:** Verwandelt Feinde nach dem Zufallsprinzip in verschiedene Kreaturen.
- **Wo zu finden:** Sheogoraths Schrein.
- **Stärken:** Sorgt für urkomisches Chaos im Kampf und verwandelt Feinde sofort in zufällige Kreaturen, die schwach oder sogar harmlos sein können.

- **Schwächen:** Es ist unvorhersehbar, daher funktioniert es möglicherweise nicht immer so, wie Sie es geplant haben.

3. Ring von Hircine

- **Typ:** Ring
- **Wirkung:** Ermöglicht dem Träger, sich nach Belieben in einen Werwolf zu verwandeln.
- **Wo zu finden:** Hircines Schrein.
- **Stärken:** Die Werwolf-Transformation verleiht Ihnen für kurze Zeit mehr Kraft, Geschwindigkeit und Gesundheit.
- **Schwächen:** Die Transformation kann Sie anfällig für bestimmte Arten von Magie oder Feinde machen, die gegen Werwölfe resistent sind.

4. Das Schwert von Jyggalag

- **Typ:** Schwert
- **Wirkung:** Hoher Schaden, hervorragend sowohl für den Nahkampf als auch für magische Zwecke.
- **Wo zu finden:** Der Shivering Isles DLC, während der Questreihe „Der Wahnsinn von König Jyggalag".
- **Stärken:** Eine großartige Kombination aus Magie und physischem Schaden.

- **Schwächen:** Zum Erwerb ist ein gewisser Questfortschritt erforderlich, und Sie müssen bestimmte Bedingungen erfüllen, um es verwenden zu können.

Legendäre Rüstung

1. Rüstung des Kreuzfahrers

- **Typ:** Vollständiges Rüstungsset
- **Wirkung:** Verleiht der Verteidigung und dem Widerstand gegen daedrische Kräfte einen erheblichen Schub.
- **Wo zu finden:** Knights of the Nine DLC-Questreihe.
- **Stärken:** Bietet Schutz vor Feuer, Magie und physischem Schaden. Es hat auch den zusätzlichen Vorteil, dass es beim Tragen die Sprachfähigkeit verbessert.
- **Schwächen:** Schwere Rüstung, die deine Bewegungsgeschwindigkeit deutlich verlangsamt.

2. Die Kapuze des Graufuchses

- **Typ:** Haube
- **Wirkung:** Gewährt Unsichtbarkeit und erhöhten Erfolg beim Taschendiebstahl.
- **Wo zu finden:** Questreihe der Diebesgilde.
- **Stärken:** Der Unsichtbarkeitseffekt ermöglicht es Ihnen, unentdeckt herumzuschleichen, was es perfekt für Stealth-Builds macht.
- **Schwächen:** Beschränkt auf Stealth-basierte Charaktere und kann nicht im direkten Kampf getragen werden.

Basteln und Verzaubern: So stellen Sie Ihre eigenen Waffen und Rüstungen her und nutzen Verzauberungen, um Ihre Kraft zu steigern

Basteln und Verzaubern sind zwei der aufregendsten und lohnendsten Funktionen in Oblivion Remastered. Mit dieser Mechanik können Sie Ihre Waffen, Rüstungen und Ausrüstung an Ihren spezifischen Spielstil anpassen. Egal, ob Sie die stärkste Waffe im Spiel herstellen oder Rüstungen herstellen möchten, die Ihre Fähigkeiten verbessern, hier finden Sie alles, was Sie über das Herstellen und Verzaubern wissen müssen.

Herstellung von Waffen und Rüstungen

1. **Schmieden:** Im Gegensatz zu späteren Elder Scrolls-Spielen verfügt Oblivion Remastered nicht über ein umfassendes Schmiedesystem zur Herstellung von Gegenständen. Sie können jedoch immer noch Waffen und Rüstungen finden und reparieren sowie sie mit der Fertigkeit Waffenschmied verbessern. Mit dieser Fertigkeit können Sie kaputte Waffen und Rüstungen reparieren, um sie in einem Top-Zustand zu halten.

2. **Anleitung zum Basteln:** Während Sie in Oblivion keine Waffen direkt herstellen können, können Sie Gegenstände kombinieren, um stärkere Waffen herzustellen. Sie können beispielsweise einen verzauberten Edelstein mit einer Waffe kombinieren, um seine magischen Eigenschaften zu verbessern. Die Verwendung von Alchemie zur Herstellung von Tränken kann auch Ihre Kampffähigkeiten verbessern.

3. **Beste Bastelmaterialien:** Halten Sie immer einen guten Vorrat an Eisenbarren, Glas und Ebenholzmaterialien bereit, da diese

zur Verbesserung oder Herstellung hochwertiger Gegenstände benötigt werden.

Bezaubernde Waffen und Rüstungen

Durch Verzaubern können Sie Waffen, Rüstungen und Ringe mit magischen Eigenschaften versehen. Diese Verzauberungen können den Schaden erhöhen, besondere Fähigkeiten verleihen oder die Verteidigung verbessern.

1. **Zauberhafte Stationen:** Um Gegenstände zu verzaubern, müssen Sie einen Verzauberaltar besuchen. Diese Altäre können an bestimmten Orten oder durch Quests gefunden werden.

2. **Bezaubernde Zutaten:** Sie benötigen Seelenedelsteine (klein oder groß), die mit den Seelen von Kreaturen gefüllt sind. Je mächtiger die Seele, desto stärker die Verzauberung.

3. **Bezaubernder Prozess**: Wählen Sie die Waffe oder Rüstung aus, die Sie verzaubern möchten, wählen Sie den gewünschten magischen Effekt und füllen Sie den Seelenstein. Zu den üblichen Verzauberungen gehören „Leben absorbieren", „Feuerschaden" und „Stärke verstärken".

Beste Verzauberungen:

- **Gesundheit absorbieren:** Heilt dich, während du Schaden zufügst.
- **Brandschaden**: Ideal, um Feinden, die schwach gegen Feuer sind, zusätzlichen Schaden zuzufügen.
- F**Stärke stärken**: Steigert Ihre Stärke für mehr Schaden und Tragfähigkeit.

In Oblivion Remastered ist es für den Erfolg von entscheidender Bedeutung, die Wahl Ihrer Waffen zu verstehen und zu verstehen, wie diese Ihren Spielstil ergänzen. Passen Sie Ihre Ausrüstung immer an die Stärken Ihres Charakters an und konzentrieren Sie sich auf Waffen und Rüstungen, die Ihren Körperbau unterstützen. Durch die Verzauberung von Waffen, den Einsatz von Stäben und die Auswahl der richtigen Rüstung für Ihre Kampfrolle stellen Sie sicher, dass Sie über die Werkzeuge verfügen, die Sie benötigen, um die härtesten Herausforderungen in Tamriel zu meistern. Denken Sie daran, Ihr Inventar organisiert zu halten und Gegenstände zu priorisieren, die Ihnen im Kampf helfen. Mit der richtigen Vorbereitung und Strategie können Sie jeden Boss und Feind besiegen, der Ihnen im Weg steht.

KAPITEL 8

GEHEIMNISSE & OSTEREIER

Versteckte Orte: Entdecken Sie geheime Dungeons, Höhlen und nicht markierte Orte in Cyrodiil

Oblivion Remastered ist voll von unzähligen versteckten Orten, die abseits der ausgetretenen Pfade liegen. Diese geheimen Dungeons, Höhlen und nicht markierten Orte sind leicht zu übersehen, enthalten aber wertvolle Belohnungen, seltene Gegenstände und mächtige Feinde. Das Entdecken dieser versteckten Juwelen verleiht dem Spiel noch mehr Tiefe und belohnt Spieler, die sich die Zeit nehmen, über die Hauptquest und die Nebenmissionen hinaus zu erkunden.

Geheime Dungeons und Höhlen

1. **Die Höhle des verlorenen Jungen**

- **Standort:** Die Höhle liegt südwestlich von Anvil, nahe der Goldküste. Es ist hinter einer großen Felswand versteckt und auf der Karte nicht markiert, sodass es leicht zu übersehen ist.

- **Was Sie erwartet:** Im Inneren finden Sie eine gruselige Geisterquest rund um den Geist eines Jungen, der die Höhle heimsucht. In dieser Höhle gibt es mehrere untote Feinde, darunter Geister und Geister, sowie ein einzigartiges Relikt, das es zu entdecken gilt. Die Schatztruhe am Ende enthält ein mächtiges Artefakt, den Ring des verlorenen Jungen, der dem

Träger die Fähigkeit verleiht, geisterhafte Verbündete zu beschwören.

2. Das vergessene Grab

- **Standort:** Das vergessene Grab befindet sich in der Nähe des Shivering Isles DLC. Sie finden es, indem Sie südöstlich des Haupttors gehen und kurz vor einer großen Felsgruppe rechts abbiegen.

- **Was Sie erwartet:** Dieser Dungeon ist in einem abgelegenen Wald versteckt und enthält verschiedene Rätsel, tödliche Fallen und eine Begegnung mit einem einzigartigen untoten Boss, dem Gravekeeper. Im Inneren finden Sie wertvolle Ritualgegenstände, die zum Herstellen und Verzaubern verwendet werden können, darunter eine seltene Robe des Nekromanten.

3. Das verlorene Gewölbe von Cyrodiil

- **Fundort:** Das Verlorene Gewölbe liegt tief unter der Kaiserstadt und ist nur über einen versteckten Eingang unter einem überfluteten Abwassersystem zugänglich.

- **Was Sie erwartet:** Diese Schatzkammer birgt vergessene Reichtümer, darunter eine Reihe einzigartiger Waffen mit magischen Eigenschaften, aber es ist nicht einfach, hineinzukommen. Der Kerker ist voller zäher Banditen, Skelette und magischer Fallen. Die eigentliche Belohnung ist jedoch das Schwert des Tresors, eine einzigartige Waffe, die nur freigeschaltet werden kann, indem eine Reihe von Rätseln gelöst wird, die im Tresor verborgen sind.

4. Frostklippenturm

- **Standort:** Dies ist ein DLC-Standort, der sich nördlich von Bruma auf einem schneebedeckten Berg befindet.

- **Was Sie erwartet**: Der Turm selbst ist voller magischer Geheimnisse, versteckter Kammern und Zugang zu den ultimativen Ressourcen der Arcane University. Im Inneren finden Sie versteckte Bücher, alchemistische Zutaten und seltene Artefakte, mit denen Sie mächtige Zaubersprüche herstellen können. Es ist auch die Heimat eines seltenen Reittiers, der Frostbite Spider, das gezähmt und geritten werden kann.

Nicht markierte Orte

1. Die verbotene Lichtung

- Lage: Die Verbotene Lichtung liegt im Nibenay-Becken, südlich der Stadt Skingrad. Sie können sie finden, indem Sie die Hauptstraßen verlassen und eine kleine Lichtung im dichten Wald finden. Es ist auf der Karte nicht markiert und Sie müssen sich auf Ihre Erkundungsfähigkeiten verlassen, um es zu finden.

- **Was Sie erwartet**: Die Verbotene Lichtung beherbergt eine Gruppe von Ayleiden-Ruinen mit seltenen Artefakten aus der Antike. Sie finden einen versteckten Ayleiden-Brunnen, der dem Spieler magische Verstärkungen bietet, einschließlich einer dauerhaften Fähigkeit zur Gesundheitsregeneration. Allerdings bewachen gefährliche Feinde wie uralte Geister den Eingang und nur diejenigen, die sich mit Magie oder Heimlichkeit auskennen, werden überleben.

2. Verfluchte Ruinen von Pell's Reach

- **Standort**: In der Nähe des Corbolo-Flusses südwestlich von Cheydinhal. Dieser Ort liegt versteckt in den Ruinen von Pell's Reach, einer großen, zerstörten Festung. Dieses Gebiet ist nicht auf der Karte aufgeführt, aber Spieler können es finden, indem sie zum südlichsten Teil des Corbolo-Flusses reisen.

- **Was Sie erwartet:** TDie Ruinen werden von den Geistern alter Soldaten heimgesucht, die dazu verflucht sind, das Gewölbe von Pell's Reach zu verteidigen, das Schätze und Reliquien der Ayleiden-Könige enthält. Die Truhe des Tresors enthält seltenen Ayleiden-Schmuck und verzauberte Waffen, auf die man erst zugreifen kann, wenn man die Wächter der Ruinen besiegt.

Versteckte Quests: Schließe Quests ab, die leicht zu übersehen sind, einschließlich spezieller Nebeninhalte und Belohnungen

Oblivion Remastered ist voller versteckter Quests, von denen viele leicht zu übersehen sind, die Spieler jedoch mit seltenen Gegenständen, einzigartigen Fähigkeiten und mächtigen Artefakten belohnen. Einige dieser Quests sind an bestimmte Fraktionen oder versteckte Orte gebunden, und viele sind nur zugänglich, wenn Sie sich die Mühe machen, sie zu finden. Nachfolgend finden Sie einige der versteckten Quests, die leicht zu übersehen sind, aber wertvolle Belohnungen und ein bereicherndes Erlebnis bieten.

Die Bitte des verrückten Gottes (Sheogoraths Questreihe)

- **Standort:** SHivering Isles DLC. Diese Questreihe ist auf den Shivering Isles versteckt, einem einzigartigen DLC-Bereich, der nach Abschluss bestimmter Hauptquests in Cyrodiil zugänglich ist.

- **Was Sie erwartet:** Ihre Aufgabe besteht darin, eine Reihe bizarrer und skurriler Herausforderungen für Sheogorath, den daedrischen Prinzen des Wahnsinns, zu meistern. Die Aufgaben reichen vom Lösen seltsamer Rätsel bis hin zur Navigation durch umwerfende Bereiche, in denen Ihre Logik auf die Probe gestellt wird. Nach Abschluss erhalten Sie den Stab von Sheogorath, ein mächtiges Werkzeug, das zufällige Effekte erzeugt, wie zum Beispiel Feinde zu verwirren oder sie in andere Kreaturen zu verwandeln.

Die Quest „Der schwarze Pfeil" (Quest der Diebesgilde)

- **Standort:** Imperiphere Stadt. Diese Quest wird von Armand Christophe, dem Anführer der Diebesgilde, angeboten. Es bleibt verborgen, bis Sie Vollmitglied der Gilde werden.

- **Was Sie erwartet**: Bei der Quest geht es darum, einen gestohlenen Gegenstand aus dem Nachlass eines hochrangigen Beamten zurückzuholen. Um erfolgreich zu sein, müssen Sie heimlich in das Anwesen eindringen, Wachen umgehen und den Schwarzen Pfeil zurückholen, ein einzigartiges Schmuckstück, das Ihre Tarnfähigkeiten verbessern kann. Wenn Sie diese Quest abschließen, erhalten Sie Zugang zu seltenen Artefakten der Diebesgilde und entsperren geheime Bereiche in den Tresoren der Gilde.

Das verlorene Grab der Verlassenen

- **Standort:** In Cheydinhal können Spieler das verlorene Grab finden, indem sie mit einem zufälligen NPC in der Stadt sprechen, der eine kryptische Karte erwähnt.

- **Was Sie erwartet**: Diese Quest führt Sie zu einem versteckten Grab, in dem mächtige untote Feinde leben, darunter ein Vampirfürst und seine Leibeigenen. Das Grab enthält mehrere einzigartige Waffen und Artefakte, die mit einem alten Vampirclan in Verbindung stehen. Die letzte Belohnung umfasst ein Vampiramulett, das dem Spieler vampirische Stärke und die Fähigkeit verleiht, niedere Vampire zu beschwören.

Das Haus der Toten (Das Geheimnis des Nekromanten)

- **Standort**: Im Norden von Skingrad, in der Nähe der Berge.

- **Was Sie erwartet:** Diese Questreihe ist verfügbar, nachdem eine Gruppe von Nekromanten besiegt wurde, die ein gefährliches Artefakt in einem verlassenen Haus versteckt haben. Die Quest belohnt Sie mit einem einzigartigen Zauberbuch und nekromantischen Fähigkeiten sowie einer geheimen daedrischen Waffe, die mit der Blutlinie des Nekromanten verknüpft ist.

Easter Eggs: Lustige, versteckte Hinweise auf andere Elder Scrolls-Spiele und Popkultur

Oblivion Remastered steckt voller versteckter Easter Eggs, von denen viele auf frühere Elder Scrolls-Spiele oder die Popkultur verweisen. Diese kleinen Anspielungen sorgen für Humor und belohnen Spieler, die sich die Zeit nehmen, jede Ecke von Cyrodiil zu erkunden. Unten finden Sie ein paar lustige Easter Eggs, die in der ganzen Welt von Tamriel verstreut sind.

The Elder Scrolls V: Skyrim-Referenz (Das Drachengeborene)

- **Standort**: In Bruma findet man einen nordischen Soldaten, der erwähnt, er sei das Drachenblut, ein klarer Hinweis auf Skyrim, das nächste Spiel der Elder Scrolls-Reihe.

- **Was Sie erwartet:** Der Soldat führt einen einzigartigen Dialog, der die Ereignisse von Skyrim vorwegnimmt, und wenn Sie die richtigen Fragen stellen, können Sie etwas über die alten

Prophezeiungen über die Rückkehr der Drachen nach Tamriel erfahren.

Referenzen zum Oblivion-Tor (Bund der Fünf)

- **Standort**: In der Nähe der Shivering Isles finden Sie ein Oblivion-Tor, das in ein Reich des Wahnsinns führt, in dem zufällige Kreaturen und daedrische Artefakte auftauchen. Dies ist eine direkte Anspielung auf die Oblivion-Tore aus The Elder Scrolls III: Morrowind.

- **Was Sie erwartet**: Die Feinde sind mächtig und die Tore sind voller verborgener Schätze, darunter seltene daedrische Ausrüstung, die nirgendwo sonst im Spiel zu finden ist.

Star Wars Easter Egg (Der Droide)

- **Standort: In** In der Kaiserstadt gibt es einen als Händler getarnten Roboterdroiden.

- **Was Sie erwartet:** Der Droide spricht mit einer seltsamen elektronischen Stimme und bietet Spielern, die die richtigen Fragen erraten können, einen kostenlosen „Spezialgegenstand" an. Der Droide bezieht sich in seinen Dialogen auf Star Wars mit Zeilen wie: „Ich habe ein schlechtes Gefühl dabei." Nach Abschluss des Dialogs erhält der Spieler eine einzigartige Blaster-Waffe, die einfach eine lustige Hommage an die Star Wars-Reihe ist.

Cheat-Codes und Konsolenbefehle: So schalten Sie Cheats, geheime Befehle und leistungsstarke Ausrüstung frühzeitig frei

Oblivion Remastered bietet mehrere Cheat-Codes und Konsolenbefehle, die Ihr Spielerlebnis verändern, leistungsstarke Ausrüstung frühzeitig freischalten und geheime Fähigkeiten bereitstellen können. In diesem Abschnitt werden einige der nützlichsten Cheats und Konsolenbefehle behandelt, die Sie eingeben können, um Ihr Abenteuer in Cyrodiil zu verbessern.

So verwenden Sie Konsolenbefehle

Um auf die Konsolenbefehle zuzugreifen, drücken Sie die Tilde-Taste (~), die sich unter der Esc-Taste auf Ihrer Tastatur befindet. Dadurch wird die Eingabeaufforderung geöffnet, in der Sie verschiedene Cheats und Codes eingeben können.

Die beliebtesten Konsolenbefehle

- **Player.additem [Artikelcode] [Menge]**: Mit diesem Befehl können Sie Artikel direkt zu Ihrem Inventar hinzufügen. Um beispielsweise 100 Gold hinzuzufügen, geben Sie Folgendes ein: player.additem f 100.

- **Player.additem 0000000f 100**: Fügt Ihrem Inventar 100 Gold hinzu.

- **Player.addspell [Zaubercode]**: Verwenden Sie dies, um Ihrem Charakter Zauber hinzuzufügen. Um beispielsweise den Zauber „Unsichtbarkeit" zu erhalten, können Sie eintreten player.addspell 0005d3f1.

- **Coc [Standort]:** Teleportiert Sie an einen bestimmten Ort im Spiel. Zum Beispiel, coc Kvatch wird Sie sofort nach Kvatch teleportieren.

- **Tgm:** Schaltet den Gottmodus um und macht Sie gegen jeglichen Schaden unverwundbar.

- **Tim:** Schaltet die Unsterblichkeit Ihres Charakters um, was bedeutet, dass es keinen Tod aus irgendeiner Quelle gibt.

- **Player.additem 0009b61b 1:** Gibt dir den Ring von Hircine, der die Werwolf-Transformation ermöglicht.

Oblivion Remastered ist eine riesige Welt voller Geheimnisse, verborgener Schätze, lustiger Referenzen und jeder Menge Herausforderungen, die Sie fesseln. Von der Erkundung versteckter Orte und dem Abschließen verpasster Quests bis hin zum Entdecken von Easter Eggs und der Verwendung von Cheat-Codes mangelt es nicht an Inhalten, die es zu entdecken gilt. Egal, ob Sie nach seltenen Gegenständen, mächtigen daedrischen Artefakten oder lustigen Anspielungen auf die Popkultur suchen, Cyrodiil ist eine Welt, die es wert ist, über die Hauptgeschichte hinaus erkundet zu werden. Nehmen Sie sich die Zeit, nach diesen Geheimnissen zu suchen, und Sie werden mit einzigartiger Ausrüstung, Fähigkeiten und neuen Abenteuern belohnt, die Ihre Reise in Oblivion Remastered noch lohnender machen.

KAPITEL 9

TIPPS & TRICKS

Maximierung der Effizienz: Schnelle Tipps zum Aufsteigen, Geldverdienen und Sammeln von Ressourcen

In Oblivion Remastered ist Effizienz der Schlüssel zum schnellen Fortschritt im Spiel und gleichzeitig zur Maximierung Ihrer Zeit und Ihres Aufwands. Egal, ob Sie Ihren Charakter aufleveln, Gold verdienen oder Materialien für Handwerk und Alchemie sammeln, das Spiel bietet viele Möglichkeiten, Ihre Reise zu optimieren und das Beste aus Ihrem Spieldurchgang herauszuholen. Dieser Abschnitt enthält eine Reihe von Expertentipps und -strategien, die Ihnen dabei helfen, schneller aufzusteigen, effizienter Geld zu verdienen und effektiv Ressourcen zu sammeln.

Schnell aufsteigen

Der Levelaufstieg in Oblivion ist ein wichtiger Aspekt des Spiels. Wenn Sie dabei Ihre Effizienz maximieren, können Sie auf höherstufige Fähigkeiten, Ausrüstung und Quests zugreifen. So steigen Sie effizienter auf:

1. **Konzentrieren Sie sich auf die wichtigsten Fähigkeiten**: In Oblivion steigt Ihr Charakter auf, je nachdem, wie oft Sie Ihre Hauptfähigkeiten verbessern. Je häufiger Sie eine Fertigkeit verwenden, die als wichtig gilt (z. B. Klinge, Zerstörung oder Wiederherstellung), desto schneller steigen Sie im Level auf.

Konzentrieren Sie sich unbedingt auf die Hauptfähigkeiten, die zu Ihrem Spielstil passen, und setzen Sie diese während Ihrer Abenteuer häufig ein, um schneller aufzusteigen.

2. **Trainieren Sie mit Trainern:** Einige NPCs können Ihnen bestimmte Fähigkeiten beibringen. Dies ist eine großartige Möglichkeit, bestimmte Fähigkeiten schnell zu verbessern, ohne stundenlang üben zu müssen. Henantier in der Kaiserstadt kann Ihnen beispielsweise die Fertigkeit Scharfschütze beibringen. Das Training ist oft auf fünf Stufen pro Fertigkeit beschränkt. Nehmen Sie also wann immer Sie können die Hilfe von Trainern in Anspruch.

3. **Schlafen Sie in Betten für Levelaufstiege:** Nachdem Sie die erforderlichen Fähigkeiten erworben haben, löst das Schlafen in Betten den Nivellierungsprozess aus. Jedes Mal, wenn Sie schlafen, werden Sie vom Spiel aufgefordert, Ihre Attribute zu verbessern. Konzentrieren Sie sich frühzeitig darauf, Stärke, Ausdauer und Intelligenz zu verbessern, da diese Attribute Ihre Kampf- und Magieeffektivität erheblich verbessern.

4. **Nutzen Sie Fertigkeitstrainer und Bücher für zusätzliche Erfahrungen**e: Im Spiel gibt es bestimmte Fertigkeitsbücher, die eine bestimmte Fertigkeit um eine Stufe verbessern. Diese Bücher bieten Bonuserfahrung, ohne dass Sie diese Fertigkeit direkt einsetzen müssen. Kombinieren Sie dies mit Training, um Ihren Fortschritt zu maximieren.

5. **Konzentrieren Sie sich nicht auf alles auf einmal:** Wenn Sie versuchen, alle Fertigkeiten auf einmal zu verbessern, kann es sein, dass Ihr Fortschritt langsam ist, da Sie bei den Hauptfertigkeiten nicht die erforderlichen Schwellenwerte erreichen, um eine höhere Stufe zu erreichen. Konzentrieren Sie sich stattdessen auf zwei oder drei Schlüsselkompetenzen, die Sie

frühzeitig verbessern möchten, und überlassen Sie den Rest späteren Levels.

Effizient Geld verdienen

Geld verdienen ist ein wesentlicher Bestandteil von Oblivion Remastered, egal ob Sie bessere Ausrüstung kaufen, sich mit Tränken eindecken oder einfach Reichtümer erwerben, um Ihre Suche zu finanzieren. So verdienen Sie schnell und effizient Geld:

1. **Plündere alles und verkaufe es**: Die einfachste Methode, in Oblivion Geld zu verdienen, besteht darin, alles in Dungeons, Städten und Wildnisgebieten zu plündern. Ob Waffen, Rüstungen oder Tränke, Beute kann für eine ordentliche Menge Gold verkauft werden. Sobald Sie genügend Artikel haben, gehen Sie zum nächstgelegenen Händler und verkaufen Sie sie. Oft erhält man mehr Gold, wenn man verzauberte oder einzigartige Gegenstände verkauft.

2. **Tränke herstellen und verkaufen:** Wenn Sie sich auf Alchemie konzentrieren, können Sie Tränke herstellen, die Sie zu einem hohen Preis verkaufen können. Sammle beim Erkunden Zutaten und kombiniere sie, um Heil-, Stärkungs- und Widerstandtränke herzustellen. Der Markt für diese Art von Tränken ist konstant groß. Stärkende Alchemietränke, die Ihre Herstellungsfähigkeiten verbessern, machen Ihre Tränke noch wertvoller.

3. **Taschendiebstahl:** Wenn Sie in Schleichen und Taschendiebstahl investiert haben, können Sie viel Gold verdienen, indem Sie NPCs stehlen. Hochrangige Adlige, Händler und Magier tragen wertvolle Gegenstände bei sich, die gestohlen und gewinnbringend verkauft werden können. Um dabei effektiv zu sein, benötigen Sie eine hohe Schleichfähigkeit, und eine leichte Rüstung kann auch für schnelle Fluchten von

Vorteil sein.

4. **Verkaufen Sie seltene und einzigartige Artikel**: Im Laufe deines Fortschritts sammelst du daedrische Artefakte, seltene Waffen und einzigartige Artefakte. Diese Gegenstände erzielen bei Sammlern und Händlern oft hohe Preise, und viele Händler kaufen sie für erhebliche Mengen Gold. Darüber hinaus können einige seltene Seelen und questbezogene Gegenstände für hohe Gewinne an bestimmte NPCs verkauft werden.

5. **Investieren Sie in Immobilien**: Während Sie die Quests abschließen, können Sie Häuser an verschiedenen Orten in Cyrodiil kaufen. Häuser können als Lager genutzt, aber auch vermietet werden, um eine dauerhafte passive Einkommensquelle zu schaffen. Dies ist besonders hilfreich, wenn Sie auf der Suche nach einem langfristigen Goldeinkommen sind, während Sie Nebenquests oder die Haupthandlung durcharbeiten.

6. **Nehmen Sie hochbezahlte Jobs an:** Bestimmte Quests bieten hohe Belohnungen in Gold. Beispielsweise bieten Gildenquests, etwa die der Diebesgilde oder der Kämpfergilde, erhebliche Auszahlungen. Priorisieren Sie diese Missionen, um beträchtliche Belohnungen zu erhalten und lukrativere Optionen freizuschalten.

Ressourcenanbau: So sammeln Sie Zutaten, Kräuter und andere Materialien für Handwerk und Alchemie

Ressourcenanbau ist ein wesentlicher Bestandteil von Oblivion, da er es Ihnen ermöglicht, Zutaten für Alchemie, Handwerk und andere Spezialisierungen zu sammeln. Das Sammeln und Ernten von Materialien aus der Natur kann Ihren Spieldurchgang erheblich verbessern, Ihnen Geld sparen und Ihre Effizienz steigern.

Zutaten und Alchemiematerialien

1. **Identifizieren Sie häufige Zutaten**: Alchemiezutaten sind überall in der Welt von Cyrodiil zu finden. Gewöhnliche Zutaten wie Nirnwurzel, Rotkrautblüten und leuchtende Pilze können aus Pflanzen und Kräutern gesammelt werden, denen Sie während Ihrer Erkundung begegnen. Diese können kombiniert werden, um mächtige Tränke wie „Gesundheit wiederherstellen" oder „Magika stärken" herzustellen.

2. **Bauernhofspezifische Zutaten:** Einige Zutaten werden für bestimmte Arten von Tränken benötigt, beispielsweise Feuersalze oder Erfrierungsspinnengift. Diese seltenen Zutaten können durch die Jagd auf bestimmte Kreaturen gezüchtet werden, die sie beim Tod fallen lassen, wie zum Beispiel Erfrierungsspinnen, um Gift zu erhalten. Achten Sie darauf, welche Feinde Sie fallen lassen, um Ihr Potenzial zur Herstellung von Tränken zu maximieren.

3. **Sammeln in der Wildnis:** Nutzen Sie Ihre Karte, um Erkundungstouren zum Sammeln von Ressourcen zu planen. Gebiete mit dichter Vegetation, Wäldern und Ruinen eignen sich hervorragend für die Suche nach einer breiten Palette alchemistischer Zutaten. Halten Sie Ausschau nach landwirtschaftlichen Flächen in Siedlungen, auf denen Sie Kräuter wie Ginseng oder Mandrake-Wurzel sammeln können.

4. **Kräuteranbau:** Es gibt landwirtschaftliche Standorte auf der ganzen Welt, wie Skingrad oder Bruma, wo Sie Bauernhöfe finden können, die Kräuter produzieren. Diese landwirtschaftlichen Flächen eignen sich hervorragend für die Bevorratung von Kräutern und Zutaten. Diese Zutaten haben oft spezifische Verwendungszwecke, die auf den ersten Blick vielleicht nicht offensichtlich sind. Daher ist es ratsam, eine Liste

oder Karte mit den Kräutern dabei zu haben, die sich gut für die Herstellung eignen.

Herstellungsmaterialien für Rüstungen und Waffen

1. **Schmelzen und Schmieden**: Um Rüstungen oder Waffen herzustellen, müssen Sie Materialien wie Eisenbarren, Stahlbarren und Ebenholzerz sammeln. Diese Materialien können durch den Abbau von Erzen in Höhlen und Minen oder durch das Einschmelzen unerwünschter Waffen und Rüstungen zu Herstellungsmaterialien gewonnen werden.

2. **Standort des Erzbergbauss**: Gewöhnliche Erzadern finden sich in der Nähe von Bergbausiedlungen oder Verliesen, wo Sie auf große Eisen-, Kupfer- und Stahlvorkommen stoßen. Diese wurden zu verwendbaren Materialien geschmolzen, um bessere Waffen und Rüstungen herzustellen.

Die besten Möglichkeiten, Gold zu verdienen: Strategien zum schnellen Geldverdienen – vom Verkauf von Beute bis zur Führung von Unternehmen

In Oblivion schnell Gold zu verdienen ist entscheidend, um die Ausrüstung Ihres Charakters zu verbessern, Eigentum zu kaufen und seltene Gegenstände zu erwerben. In diesem Abschnitt werden die besten Strategien zum schnellen Goldverdienen untersucht, vom Verkauf von Beute bis zur Führung eines eigenen Unternehmens.

Gegenstände plündern und verkaufen

1. **Beute Dungeons und Höhlen**: Immer alles plündern, was in Sichtweite ist. Feinde, Truhen und versteckte Räume enthalten oft wertvolle Beute, von magischen Gegenständen bis hin zu seltenen Artefakten. Diese können an Händler in Städten und

Abenteurergilden verkauft werden.

2. **Verkaufen Sie wertvolle Gegenstände**: Halten Sie Ausschau nach einzigartigen und seltenen Gegenständen, die möglicherweise nicht sofort von Nutzen sind, aber für einen hohen Preis verkauft werden können. Daedrische Waffen und verzauberte Rüstungen sind gute Beispiele. Vernachlässigen Sie nicht den potenziellen Wert von Gegenständen, die zunächst nutzlos erscheinen.

Führen von Unternehmen

1. **Offene Geschäfte in Städten**: Sobald Sie über genügend Geld verfügen, können Sie eine eigene Immobilie kaufen und verwalten, die Sie für geschäftliche Unternehmungen nutzen können. Eröffnen Sie einen Laden und verkaufen Sie Ihre hergestellten Gegenstände oder Alchemietränke, um einen stetigen Strom von Gold zu erhalten. Dieses passive Einkommen wird Ihnen helfen, im Laufe der Zeit Vermögen aufzubauen.

2. **Tritt Gilden bei**: Gildenquests können dich mit beträchtlichen Goldauszahlungen belohnen. Die Diebesgilde bietet beispielsweise die Möglichkeit, hochwertige Gegenstände zu stehlen und zu verkaufen, während die Magiergilde Sie mit Gold für das Sammeln seltener alchemistischer Zutaten belohnt.

So vermeiden Sie häufige Fehler: Fallstricke für Anfänger und Tipps für Fortgeschrittene zur Vermeidung von Katastrophen

Egal, ob Sie Anfänger oder erfahrener Spieler sind, Oblivion birgt eine Reihe von Fallstricken und Fehlern, die Ihren Fortschritt verlangsamen oder sogar dazu führen können, dass Sie wertvolle Ressourcen verlieren. Hier sind einige häufige Fehler und wie man sie vermeidet:

Fallstricke für Anfänger

1. **Überlastunge:** Einer der häufigsten Fehler, den Spieler machen, ist, zu viel Beute bei sich zu haben. Eine übermäßige Belastung führt dazu, dass Sie sich langsamer fortbewegen, und kann auf Reisen problematisch sein. Achten Sie immer auf Ihren Bestand und verkaufen Sie Artikel, die nicht zu Ihrem Build passen. Erwägen Sie, Ihre Beute in einem Haus oder einer Truhe aufzubewahren, wenn Sie mehr sammeln möchten, ohne sich selbst zu überfordern.

2. **Nebenquests ignorieren:** Während die Hauptgeschichte spannend ist, bieten Nebenquests oft wertvolle Belohnungen und Erfahrungen. Wenn du sie ignorierst, kann es sein, dass du unter dem Level bleibst oder wertvolle Ausrüstung und Quests verpasst, die dem Spiel mehr Inhalt hinzufügen.

3. **Nicht in Fähigkeiten investieren:** Bestimmte Fähigkeiten wie Alchemie, Verzauberung und Schleichen können Ihnen das Leben erheblich erleichtern. Konzentrieren Sie sich nicht nur auf Kampffähigkeiten; Investieren Sie in diese anderen Bereiche, um Sammel-, Herstellungs- und Stealth-Missionen effizienter zu gestalten.

Erweiterte Tipps

1. **Nutzen Sie Magie und Heimlichkeit zusammen**: Die Kombination von Magie und Tarnung kann in harten Schlachten einen erheblichen Vorteil verschaffen. Benutzen Sie Unsichtbarkeits- oder Chamäleonzauber, um sich an Feinde heranzuschleichen und verheerende Rückenstiche oder Fernangriffe auszuführen, ohne entdeckt zu werden.

2. **Halten Sie Ihren Charakter im Gleichgewicht:** Es ist leicht, sich auf einen Bereich des Kampfes oder der Magie zu spezialisieren, aber ein ausgeglichener Charakter ist der Schlüssel zum Überleben. Stellen Sie sicher, dass Sie körperliche Verteidigung und magische Fähigkeiten entwickeln, die Ihren Körperbau ergänzen, und vermeiden Sie, in jeder Situation verwundbar zu sein.

3. **Meistere schnelles Reisen:** Nutzen Sie Schnellreisen zu Ihrem Vorteil, um sich schnell zwischen wichtigen Orten zu bewegen und so die Reisezeit zu verkürzen. Stellen Sie jedoch sicher, dass Sie sich auch Zeit nehmen, die Gebiete zwischen Schnellreisepunkten nach versteckten Schätzen und Quests zu erkunden.

Wenn Sie die verschiedenen Mechanismen von Oblivion Remastered beherrschen, können Sie Ihr Spielerlebnis erheblich verbessern und Zeit und Mühe sparen. Egal, ob Sie schnell aufsteigen, effizient Gold verdienen, Ressourcen für die Herstellung sammeln oder häufige Fehler vermeiden möchten, diese Tipps und Tricks werden Ihnen dabei helfen, ein effektiverer und effizienterer Abenteurer in Cyrodiil zu werden. Von der Verwaltung Ihres Inventars und der Führung von Geschäften bis hin zum Einsatz von Alchemie und Verzauberung für bessere Waffen gibt es unzählige Möglichkeiten, Ihre Gesamtleistung zu verbessern. Mit den richtigen Strategien sind Sie in Oblivion Remastered auf jede Herausforderung vorbereitet, die Ihnen bevorsteht.

KAPITEL 10

FORTGESCHRITTENE KAMPFTECHNIKEN UND -STRATEGIEN

Fortgeschrittener Einsatz von Magie: Kombination von Magie und physischem Kampf, Aufstellen von Fallen und Einsatz von Magie in komplexen Begegnungen

In Oblivion Remastered ist Magie eines der mächtigsten Werkzeuge, die Ihnen zur Verfügung stehen, und wenn Sie sie beherrschen, können Sie Ihre Kampffähigkeiten erheblich verbessern. Fortgeschrittene Spieler wissen, dass es bei Magie nicht nur um das Wirken von Zaubersprüchen geht, sondern auch darum, Magie mit physischem Kampf zu verbinden, um einen ausgeglichenen, vielseitigen Kämpfer zu erschaffen. In diesem Abschnitt erfahren Sie, wie Sie Magie und physischen Kampf kombinieren, Magie zum Stellen von Fallen nutzen und komplexe Begegnungen meistern, bei denen das Wirken von Zaubersprüchen den Ausschlag zu Ihren Gunsten geben kann.

Kombination von Magie und physischem Kampf

Die Kombination von Magie mit Nahkampf oder Fernkampf ist eine der effektivsten Möglichkeiten, deine Überlebensfähigkeit und deinen Schaden im Kampf zu erhöhen. In vielen Fällen kann Magie den physischen Kampf verbessern, indem sie Buffs, Debuffs und sogar Elementarschaden bereitstellt, der auf die Schwächen des Feindes abzielt.

1. **Magie-Buffs für den Nahkampf:**
   Eine der besten Möglichkeiten, Ihren Nahkampf zu verbessern, besteht darin, Buff-Zauber zu verwenden, bevor Sie in den Kampf eintreten. Wenn Sie beispielsweise den Zauber „Stärke stärken" verwenden, erhöht sich Ihr Schadensausstoß, und „Gesundheit stärken" ermöglicht es Ihnen, mehr Schaden zu absorbieren. Schildzauber, die Ihre Verteidigung stärken, können Ihnen in längeren Nahkämpfen gegen mächtige Bosse oder große Gruppen von Feinden die Oberhand verschaffen.

- **Empfohlene Zauber**: Stärke stärken, Gesundheit stärken, Schild, Feuerresistenz/Magieresistenz, Ausdauer-Buffs.

2. **Elementarmagie zur Erhöhung des Waffenschadens:**
   Durch die Kombination deines Schwertes oder deiner Axt mit elementarer Magie kannst du im Kampf zusätzlichen Schaden anrichten. Beispielsweise können Feuerschadenszauber zusammen mit Schwertschlägen gewirkt werden, was im Laufe der Zeit zu Schaden führt, wenn das Feuer durch Feinde brennt. Frostschaden kann Feinde verlangsamen und Ihnen die Möglichkeit geben, zusätzliche Schläge zu landen, ohne Angst vor Vergeltung haben zu müssen.

- **Beispielkombination**: Wirke Flare (Feuermagie) und führe sofort anschließend einen Klingen- oder Axtangriff aus. Der Schaden des Feuerzaubers verbrennt den Feind weiterhin, während Ihre Nahkampfangriffe zusätzlichen Schaden verursachen.

3. **Beschwörungszauber zur Beschwörung von Verbündeten:**
   Beschwörungen können das Gleichgewicht im Kampf erheblich verändern, indem sie Daedra, Atronachen oder beschworene Waffen beschwören. Diese Beschwörungen können entweder als Ablenkung dienen oder beim Verursachen von Schaden helfen.

Durch die Verwendung von „Flammen-Atronach beschwören" oder „Sturm-Atronach beschwören" können Sie Ablenkungen erzeugen, die Ihre Feinde beschäftigen, während Sie aus der Ferne Schaden verursachen oder im heimlichen Kampf Rückenstiche ausführen.

- **Empfohlene Strategie:** Beschwöre einen daedrischen Prinzen oder Atronachen, bevor du dich auf den Kampf mit einem Boss einlässt. Die beschworene Kreatur wird Ihr Ziel angreifen, während Sie aus sicherer Entfernung heilen und angreifen.

4. **Feinde mit Magie schwächen:**
Magie dient nicht nur der Offensive – sie ist ein mächtiges Werkzeug, um die Effektivität Ihres Feindes zu verringern. Erfrierungs- oder Schockschaden kann Feinde verlangsamen, Feuerschwäche kann Feinde auf zusätzlichen Schaden vorbereiten und Lähmen kann sie für einige kritische Sekunden an Ort und Stelle einfrieren.

- **Schlüsselzauber:** Schwäche gegen Feuer, Schwäche gegen Gift, Lähmung, Entzug von Gesundheit und Entzug von Magicka.

5. **Kampftipp: Timing und Effizienz:**
Der Schlüssel zur Kombination von Magie und physischem Kampf ist das Timing. Verschwende keine Magicka, indem du zu viele Zauber auf einmal wirkst – verwende Magicka-effiziente Zauber, die deinen Kampfstil ergänzen. Heilung, Schwächungen und Verstärkungen sollten strategisch eingesetzt werden, um ihre Wirksamkeit zu maximieren.

Mit Magie Fallen aufstellen

Mit Magie können Fallen aufgestellt werden, insbesondere in Bereichen, in denen sich Feinde gruppieren. Bestimmte Zauber können Gefahren in der Umgebung hervorrufen, die Feinde in Fallen locken, was Ihre Arbeit erheblich erleichtert.

1. **Feuerfallen:**
Durch das Wirken von „Feuerball" oder „Flammenrune" können Feuerfallen entstehen, in die Feinde laufen. Sobald die Falle ausgelöst wird, fügt sie den Feinden in der Nähe massiven Flächenschaden zu, was sie bei der Massenkontrolle äußerst effektiv macht.

- **Empfohlene Zauber:** Flammenrune, Feuerball, Feuersturm, Feuerschild.

2. **Frostfallen:**
Frostschadenszauber verlangsamen Gegner und in Kombination mit Flächenwirkungszaubern können Sie mehrere Feinde an einem Ort einfangen. Der Frostatronach kann auch als robuster Panzer dienen, der Feinde an Ort und Stelle einfriert, während Sie zusätzliche Zauber wirken oder sich auf einen Nahkampf einlassen.

- **Empfohlene   Zauber:**   Frostbite,   Chillwind, Frostatronach-Beschwörung.

3. **Lähmungsfallen:**
Benutze Lähmungs- oder Lähmungszauber auf eine Gruppe von Feinden und bereite sie auf den Todesstoß im Nahkampf vor. Sie können auch magische Fallen oder Schockfallen verwenden, um zu lähmen und in Kombination mit Schwertschlägen oder Bogenschüssen sofortigen Schaden zu verursachen.

4. **Umweltfallen:**
An einigen Orten in Oblivion gibt es gefährliches Gelände wie Lava, Fallen und magische Barrieren. Mit den Zaubersprüchen

„Levitieren" oder „Wasserlaufen" können Sie Ablenkungen erzeugen, indem Sie Feinde in diese Umgebungen locken.

Stealth-Taktiken: Unsichtbarkeit meistern, in den Rücken fallen und Fallen zu Ihrem Vorteil nutzen

Stealth in Oblivion Remastered kann eine äußerst effektive Kampftechnik sein, die es Spielern ermöglicht, Ziele zu eliminieren, bevor sie überhaupt bemerken, dass Sie dort sind. Das Beherrschen von Unsichtbarkeit, Hinterhältigkeit und Fallen ist für Stealth-basierte Charaktere unerlässlich. In diesem Abschnitt werden die fortgeschrittenen Techniken behandelt, die Ihnen helfen, Feinde unbemerkt auszuschalten.

Die Unsichtbarkeit meistern

1. **Unsichtbarkeit für Stealth-Kills nutzen:**
   Unsichtbarkeit ist eines der mächtigsten Werkzeuge in einem Stealth-basierten Build. Unsichtbarkeit ermöglicht es Ihnen, an Feinden vorbeizugehen und sich für Angriffe in den Rücken zu positionieren oder sogar unentdeckt zu plündern. Beachten Sie jedoch, dass jede Aktion wie das Wirken von Zaubersprüchen, das Schwingen einer Waffe oder sogar das Öffnen von Truhen den Effekt unterbrechen kann.

   - **Best Practices:** Bevor Sie den Kampf beginnen, nutzen Sie Unsichtbarkeits- oder Chamäleonzauber, um unentdeckt an Ihr Ziel heranzukommen. Benutze den Rückenstich, um massiven Schaden zu verursachen und dich sofort in einen anderen Raum oder Schatten zurückzuziehen, bevor dich jemand entdecken kann.

2. **Chamäleon vs. Unsichtbarkeit:**
   Während Unsichtbarkeit Sie völlig unauffindbar macht,

verringert Chameleon Ihre Sichtbarkeit um einen Prozentsatz. Verwenden Sie Chameleon für längere Stealth-Dauer, sodass Sie über einen längeren Zeitraum hinweg unsichtbar bleiben können, insbesondere bei Stealth-Missionen.

Backstabbing: Der ultimative Stealth-Angriff

1. **Hinterhältige Angriffe:**
   Um den Schaden Ihrer Schleichangriffe zu maximieren, müssen Sie unentdeckt bleiben. Nutzen Sie die Fertigkeit „Schleichen" und konzentrieren Sie sich auf die toten Winkel Ihrer Feinde, um hinter sie zu gelangen. Sobald Sie sich hinter dem Feind befinden, können Sie mit einem Dolch oder Schwert in den Rücken stechen, um die meisten Feinde niedrigerer Stufen sofort zu töten.

- **Tipp:** Ein Stillezauber in Kombination mit Unsichtbarkeit gibt Ihnen die Möglichkeit, sich beim Ausführen des Rückenstichs unentdeckt zu bewegen. Dies wirkt Wunder in engen Räumen wie Kerkern oder Burgen.

2. **Optimale Waffen für Stealth:**
   Die besten Waffen für Stealth-Kills sind Dolche, da Sie damit schnelle, tödliche Angriffe mit hohem Schadensausstoß landen können. Waffen wie Mehrunes' Rasiermesser sind besonders stark für Stealth-Angriffe und bieten die Chance, Feinde bei einem Treffer sofort zu töten.

3. **Verwendung von Gift:**
   Wenn Hinterlist allein nicht ausreicht, ist Gift eine hervorragende Ergänzung zu Ihrem Stealth-Arsenal. Durch das Auftragen von Gift auf Ihre Waffen können Sie im Laufe der Zeit Schaden verursachen. Kombinieren Sie Gift mit Unsichtbarkeit für eine mächtige Kombination, die den unentdeckten Tod garantiert.

Fallen für Stealth

1. **Vergiftete Fallen:**
   Verwende Gift an Falltüren oder Stolperdrähten, um versteckte Fallen zu errichten, die Schaden verursachen, wenn sich Feinde nähern. Vergiftete Pfeile und Armbrüste schwächen Feinde mit der Zeit und machen sie zu leichten Zielen für Hinterhältige Angriffe.

2. **Magische FalleS:**
   Verwenden Sie als Magier oder Hybridcharakter Flammenrunen- oder Frostbite-Zauber, um magische Fallen aufzustellen. Diese Fallen sind besonders nützlich in engen Korridoren, in denen Feinde dem Schaden im Wirkungsbereich nicht entkommen können.

Beidhändigkeit und Bogenschießen: Wie man zwei Waffen kombiniert oder Bögen einsetzt, um im Kampf zu dominieren

Beidhändigkeit und Bogenschießen bieten Spielern die Möglichkeit, sich sowohl im Nahkampf als auch bei Fernkampfangriffen hervorzutun, was sie in einer Vielzahl von Kampfsituationen äußerst effektiv macht. Wenn Sie die Strategien für den Umgang mit beiden Waffen und das Bogenschießen verstehen, werden Sie sowohl gegenüber einzelnen Zielen als auch gegenüber großen Gruppen von Feinden im Vorteil sein.

Beidhändigkeit: Kombination zweier Waffen für maximalen Schaden

1. **Wie Dual-Wielding funktioniert:**
   Durch das Tragen beider Waffen können Sie jede Hand mit einer Waffe ausrüsten und so zweimal schnell hintereinander

angreifen. Allerdings bringt das Führen beidhändiger Waffen Nachteile mit sich – vor allem die Unfähigkeit, zu blocken oder einen Schild zu verwenden.

- **Tipp:** Rüste dich mit leichten Dolchen oder Schwertern aus, um die Angriffsgeschwindigkeit zu erhöhen und Angriffe schnell zu verketten. Beidhändig geführte Streitkolben oder Äxte ermöglichen langsamere, aber kraftvollere Schläge.

2. **Beste Waffen für den Doppelgebrauch:**
Für das Tragen beider Waffen eignen sich Dolche oder Schwerter am besten. Das Mehrunes-Rasiermesser und der Glasdolch sind ausgezeichnete Optionen, da sie bei jedem Schlag enormen Schaden verursachen und es Ihnen ermöglichen, Angriffe schnell zu verketten.

Bogenschießen: Dominanz im Fernkampf

1. **Beste Bögen zum Bogenschießen:**
Bogenschießen ist eine ideale Möglichkeit, Feinde aus der Ferne anzugreifen. Der Glasbogen ist eine der besten Fernkampfwaffen für Stealth-Kills, aber der Daedrische Bogen bietet den höchsten Schaden für Fernangriffe. Verwenden Sie vergiftete Pfeile, um mit der Zeit zusätzlichen Schaden zu verursachen.

2. **Scharfschützen und Positionierung:**
Scharfschützen ermöglichen es Ihnen, aus großer Entfernung Schaden zu verursachen und dabei außerhalb der Reichweite des Feindes zu bleiben. Stellen Sie es auf einer Anhöhe, in Bäumen oder hinter Gebäuden auf, um eine perfekte Aufnahme zu erzielen und einer Entdeckung zu entgehen.

Combo-Angriffe: Die besten Angriffs-Combos und wie man sie verkettet, um maximalen Schaden zu verursachen

Der Schlüssel zur Maximierung Ihres Schadens in Oblivion Remastered liegt in der Beherrschung von Combo-Angriffen. Durch die Kombination physischer Angriffe mit Magie oder zusätzlichen Fähigkeiten können Sie Ihre Feinde schnell überwältigen.

Nahkampf-Combo-Angriffe

1. **Schnelle Schläge + schwere Schläge**:
   Beginnen Sie mit einer schnellen leichten Waffe (wie einem Dolch oder einem Kurzschwert), um schnellen Schaden zu verursachen, und führen Sie anschließend einen schweren Schlag (mit einem Streitkolben oder einer Streitaxt) aus, um erheblichen Schaden zu verursachen. Diese Kombination eignet sich gut für Nahkampf-Builds.

2. **Kraftschlag + Feuerball**:
   Eine großartige Möglichkeit, Magie mit Nahkampf zu kombinieren, besteht darin, mit Ihrer Waffe einen Kraftschlag auszuführen und anschließend einen Feuerball der Zerstörungsmagie auszuführen, um den Feind zu erledigen. Diese Kombination kann Feinde mit hoher Gesundheit schnell überwältigen.

Fernkampf-Combo-Angriffe

1. **Vergiftete Pfeile + Rückenstich**:
   Kombinieren Sie einen vergifteten Pfeilschuss mit einem Rückenstich, um den Schaden zu maximieren und Ihr Ziel verwundbar zu machen. Dies funktioniert am besten bei Stealth-Missionen und beim Umgang mit Feinden, die sich Ihrer

Anwesenheit nicht bewusst sind.

2. **Fernkampffeuer + physische Angriffe:**
   Benutze Feuerball oder Flammenrune, um Feinde zu schwächen, bevor du sie mit Nahkampf- oder Fernkampfangriffen vernichtest. Diese Kombination maximiert nicht nur den Schaden, sondern ermöglicht es Ihnen auch, Gruppen von Feinden zu schwächen, bevor Sie sie töten.

Wenn Sie fortgeschrittene Kampftechniken in Oblivion Remastered beherrschen, werden Sie zu einer ernst zu nehmenden Macht in Cyrodiil. Ganz gleich, ob Sie Magie und physischen Kampf kombinieren, Ihre Tarntaktiken perfektionieren, mit beiden Waffen dominieren oder Bogenschießen nutzen, um das Schlachtfeld zu kontrollieren – es gibt unzählige Möglichkeiten, Ihre Effektivität im Kampf zu steigern. Wenn Sie wissen, wann Sie Combos, Fallen und Magie einsetzen müssen, können Sie selbst die härtesten Bosse und Feinde besiegen und so Ihren Erfolg in der Welt von Tamriel sicherstellen.

KAPITEL 11

DLC und ZUSÄTZLICHE INHALTE

Shivering Isles: Vollständiger Leitfaden zum Shivering Isles DLC, einschließlich Quest-Komplettlösungen, Bossen und neuen Gebieten

Der Shivering Isles DLC für Oblivion Remastered bietet eine der einzigartigsten und umwerfendsten Erweiterungen der Serie. Es entführt die Spieler in das chaotische und schizophrene Reich von Sheogorath, wo die Gesetze der Realität nicht immer gelten und der Wahnsinn herrscht. In diesem Kapitel werden wir uns eingehend mit dem DLC „Shivering Isles" befassen und seine Geschichte, Quests, neue Gebiete und seine Integration in das Kernspiel behandeln.

Geschichte und Einführung

Die Zitternden Inseln sind ein Reich, das vom daedrischen Prinzen des Wahnsinns, Sheogorath, regiert wird. Zu Beginn des DLC werden die Spieler von einem verrückten Boten in Cyrodiil gerufen, der sie zu den Shivering Isles führt, einem Land, das in zwei verschiedene Regionen unterteilt ist: Mania und Dementia. Der Protagonist wird von Sheogorath selbst ausgewählt, um ihm zu helfen, das Gleichgewicht im Reich nach einem katastrophalen Ereignis wiederherzustellen, bei dem Jyggalag, der daedrische Fürst der Ordnung, die frühere Person des ehemaligen Madgods verstarb.

Das Reich herrscht im Chaos und Sheogorath braucht Hilfe, was dazu führt, dass der Spieler tief in die politischen und metaphysischen Schlachten der Shivering Isles verwickelt wird. Als Champion von Sheogorath muss der Protagonist durch den Wahnsinn und die Unordnung dieses seltsamen Landes navigieren und Aufgaben ausführen, die nach sterblichen Maßstäben unsinnig oder surreal erscheinen.

Komplettlösung für die Questreihe

Die Hauptgeschichte von Shivering Isles besteht aus vier Hauptquests, die jeweils in mehrere Ziele unterteilt sind. Hier ist eine Schritt-für-Schritt-Aufschlüsselung der wesentlichen Quests, die den Fortschritt des DLC bilden:

1. Das verrückte Schema

Objektiv: Unterstützen Sie Sheogorath bei der Auswahl eines neuen Kanzlers von Mania.

- **Wichtige Standorte:** Der Palast der Mania, der Rand der Shivering Isles.

- **Überblick:** Sheogorath wird Sie damit beauftragen, die politischen Spannungen zwischen den beiden Hälften der Shivering Isles zu lösen, wo Sie Schlüsselfiguren wie Thadon (den Herzog von Mania) und Ardarell (den Herzog von Demenz) kennenlernen. Diese Questreihe stellt die Bedeutung des Gleichgewichts zwischen den beiden Reichen vor und der Einfluss des Protagonisten wird bald entscheidend für das Schicksal der Shivering Isles sein.

2. Die wachsende Bedrohung

Objektiv: Untersuche und bewältige das geordnete Chaos, das Jyggalag, Sheogoraths Rivale, verursacht hat.

- **Wichtige Standorte**: Der Schmelztiegel, das Labyrinth des Wahnsinns.

- **Überblick:** Das einst ausgeglichene Reich Sheogorath beginnt seine chaotische Identität zu verlieren, als Jyggalag versucht, dem Land seine starre Ordnung aufzuzwingen. Sie müssen durch verdrehte Dungeons reisen, die ketzerischen Anhänger von Jyggalag besiegen und die mysteriösen Ursachen hinter diesem Umbruch aufdecken. Ihre Entscheidungen hier werden Sheogoraths endgültige Entscheidung über das Schicksal der Shivering Isles beeinflussen.

3. Das Haus der Manie

Objektiv: Stellen Sie den Frieden zwischen den beiden verfeindeten Fraktionen Mania und Dementia wieder her, indem Sie sich den Rivalen Duke of Mania und Duke of Dementia stellen.

- **Wichtige Standorte:** Das Haus der Manie, das Haus der Demenz.

- **Überblick**: Nach der Lösung der großen politischen Konflikte tritt der Spieler in einen endgültigen Konflikt zwischen den beiden Fraktionen ein. Diese Quest ist voller Entscheidungen, da die Spieler über das Schicksal der herrschenden Familien von Sheogoraths Reich entscheiden. Jede Aktion hier beeinflusst Ihre Belohnung und die Art der Abschlussveranstaltungen.

4. Der Wahnsinn steigt

Objektiv: Besiege Jyggalag in einer epischen Schlacht und stelle das Gleichgewicht auf den Zitternden Inseln wieder her.

- **Schlüsselstandorts:** Das Herz der Zitternden Inseln, Der Thron des Wahnsinns.

- **Überblick:** Der letzte Showdown mit Jyggalag ist intensiv und erfordert, dass der Protagonist alle erworbenen Kräfte und Allianzen nutzt. Die Quest gipfelt in einem epischen Bosskampf gegen Jyggalag, in dem Sie inmitten von Sheogoraths Wahnsinn gegen die Verkörperung der Ordnung antreten. Abhängig davon, wie Sie die vorherigen Quests gehandhabt haben, kann sich das Ergebnis drastisch ändern und Sie erhalten entsprechend Ihrer Auswahl Belohnungen.

Neue Bosse und Feinde

- **Jyggalag:** Jyggalag, der ultimative Boss des DLC, verkörpert das Gegenteil von Sheogoraths chaotischer Natur. Er ist ein daedrischer Fürst der Ordnung, dessen Ziel es ist, den Shivering Isles Stabilität zu verleihen und so den Wahnsinn zu beseitigen. Er ist im Kampf beeindruckend und schwingt ein mächtiges Schwert, das verheerende Auswirkungen auf den Spieler hat.

- **Der Goldene Heilige und Dark Seducer:** Zwei wichtige Unterbosse auf den Shivering Isles, die die Dualität des Reiches verkörpern. Golden Saints kämpfen mit Präzision, während Dark Seducers im Kampf trügerische, illusorische Taktiken anwenden.

Neue Gebiete und Zonen

- **Manie**: Diese lebendige, farbenfrohe Region ist die Heimat der exzentrischsten und künstlerischsten Bewohner der Shivering Isles. Das Gebiet ist geprägt von hohen Türmen, leuchtenden Farben und fantasievollen Kreaturen.

- **Demenz**: Düsterer, düsterer und mysteriöser – Dementia ist ein Land der verdrehten Gedanken, in dem seltsame Kreaturen lauern. Die Atmosphäre hier ist düsterer und passt eher zu den eher paranoiden und neurotischen Bewohnern.

Knights of the Nine DLC: Questreihe und Belohnungen speziell für diese Erweiterung

Der Knights of the Nine DLC führt eine völlig neue Fraktion ein, die Knights of the Nine, einen Orden heiliger Ritter, die versuchen, das Erbe des göttlichen Kreuzfahrers wiederherzustellen und die Mächte des Bösen zu besiegen, die Tamriel bedrohen. Diese Erweiterung ermöglicht es Spielern, in die Fußstapfen eines heiligen Kriegers zu schlüpfen und durch eine epische, von Gerechtigkeit geprägte Questreihe göttliche Relikte und göttliche Artefakte zu verdienen.

Komplettlösung für die Questreihe

1. **Der Pilgerweg**

- **Objektiv:** Begeben Sie sich auf die Reise, um die verlorene Ordnung der Ritter der Neun wiederherzustellen.
- **Schlüsselstandort**s: Tempel des Wolkenherrschers, Die neun Reliquien.
- **Überblick:** Die Quest beginnt, wenn Sie etwas über die Ritter der Neun erfahren, einen Orden, der einst Tamriel beschützte, inzwischen aber in Unordnung geraten ist. Um die Ordnung

153

wiederherzustellen, muss der Spieler die neun heiligen Reliquien von Pelinal Whitestrake, dem ehemaligen Anführer der Kreuzfahrer, zurückholen. Diese Relikte sind über ganz Cyrodiil verstreut und jedes bringt eine Reihe von Aufgaben mit sich, darunter Kämpfe gegen mächtige Feinde.

2. **Die Reliquien des Kreuzfahrers**
- **Objektiv:** Beschafft die neun heiligen Relikte, die mit Pelinal Weißplanke in Verbindung stehen.
- **Schlüsselstandort**s: Die neun Relikte, Ayleiden-Ruinen, Tempel.
- **Überblick:** Im Rahmen dieser Questreihe tauchen Sie in die Ayleiden-Ruinen ein, treten gegen untote Feinde an und lösen Rätsel rund um den göttlichen Kreuzfahrer. Jedes Relikt bietet nicht nur einen mächtigen Gegenstand, sondern auch bedeutende Vorteile für Ihren Charakter, darunter Rüstung, Waffen und erhöhte Gesundheit oder Magie.

3. **Die letzte Schlacht**
- **Objektiv:** Stelle dich den Mächten des Bösen, die drohen, die Ritter der Neun und Tamriel selbst zu zerstören.

- **Wichtige Standorte:** Der Tempel der Göttlichen, Palast des Kreuzfahrers.

- **Überblick**: Sobald Sie die neun Relikte gesammelt haben, müssen Sie zum Tempel des Wolkenherrschers zurückkehren und sich auf einen letzten Kampf mit den Mächten des Bösen vorbereiten. Im ultimativen Kampf kämpfst du gegen eine Gruppe daedrischer Fürsten und ihre Diener und musst das Schwert von Pelinal Weißplanke führen, um sie zu Fall zu bringen.

Belohnungen und Gegenstände

- **Relikte des göttlichen Kreuzzugsr:** Wenn du alle neun Relikte sammelst, erhältst du Zugriff auf die Rüstung des Göttlichen Kreuzfahrers, ein mächtiges Rüstungsset, das deine Verteidigung stärkt und einzigartige Fähigkeiten im Kampf bietet.

- **Schwert des göttlichen Kreuzfahrers:** Ein legendäres Schwert, Pelinals Schwert, das enormen Schaden anrichten kann. Sobald Sie den letzten Kampf abgeschlossen haben, wird es unzerstörbar.

Herunterladbare Inhalte und Mods: So verbessern Sie Oblivion mit Mods für Grafiken, Quests und Gameplay-Änderungen

Mods sind eine der besten Möglichkeiten, die Lebensdauer von Oblivion Remastered zu verlängern, indem sie neue Inhalte hinzufügen, Grafiken verbessern und das Gameplay an Ihre Vorlieben anpassen. So verbessern Sie Ihr Spiel mit Mods.

So installieren Sie Mods

1. **Laden Sie einen Mod Manager herunter:** Zunächst benötigen Sie einen Mod-Manager wie Nexus Mod Manager (NMM) oder Oblivion Mod Manager (OBMM). Diese Tools erleichtern das Herunterladen, Installieren und Verwalten von Mods.

2. **Mods finden:** Websites wie Nexus Mods oder Planet Elder Scrolls bieten Tausende von Mods an. Zu den Kategorien gehören Grafikmodifikationen, Quests, neue Fraktionen, Gameplay-Optimierungen und Fehlerbehebungen.

3. **Installation:** Sobald Sie die Mods heruntergeladen haben, installieren Sie sie einfach mit Ihrem Mod-Manager. Bei einigen Mods müssen Sie sie möglicherweise in die Oblivion.ini-Datei laden oder im Data-Ordner ablegen.

Empfohlene Mods zur Verbesserung von Oblivion

1. **Oblivion Graphics Extender (OBGE):** Verbessert Beleuchtung, Schatten und visuelle Effekte, wodurch das Spiel viel moderner aussieht. Es steigert die visuelle Qualität erheblich und macht die Welt von Cyrodiil immersiver.

2. **Einzigartige Landschaften:** Dieser Mod fügt der Welt neue, detaillierte Landschaften hinzu, darunter Flüsse, Berge und andere Geländeveränderungen, die die Welt lebendiger und lebendiger wirken lassen.

3. **Quest-Mods:** Es gibt viele questbasierte Mods, die stundenlangen zusätzlichen Spielspaß bieten. Zu den beliebten Mods gehören „The Lost Spiers" und „Knights of the Nine Revisited", die neue Quests, Charaktere und Handlungsstränge einführen, die sich nahtlos in das Basisspiel integrieren.

4. **Immersive Waffen und Rüstungen:** Dieser Mod fügt dem Spiel Hunderte neuer Waffen und Rüstungsteile hinzu und sorgt so für mehr Vielfalt und Optionen für Ihren Charakter. Diese neuen Gegenstände können auf der ganzen Welt gefunden oder mit Ressourcen hergestellt werden.

5. **Oblivion Reloaded:** Ein leistungssteigernder Mod, der die Spieleleistung steigert, die Bildrate verbessert und für eine bessere Leistung auf moderner Hardware optimiert.

Die DLCs „Shivering Isles" und „Knights of the Nine" bieten unglaubliche, einzigartige Inhalte für Oblivion Remastered, die die Welt erweitern und neue Spielmechaniken einführen. Egal, ob Sie in die chaotische Welt von Sheogoraths Reich eintauchen oder die legendären Ritter der Neun wiederherstellen möchten, beide Erweiterungen bieten fesselnde Questreihen, lohnende Begegnungen und fantastische neue Gegenstände. Darüber hinaus ermöglichen Ihnen Mods, Ihr Erlebnis noch weiter zu personalisieren und zu verbessern, und bieten endlose Möglichkeiten für visuelle Verbesserungen, neue Inhalte und Gameplay-Verbesserungen. Nutzen Sie diese Erweiterungen und Mods, um alles, was Oblivion Remastered zu bieten hat, in vollen Zügen zu erleben.

KAPITEL 12

Anleitungen für bestimmte Spielanleitungen

Speedrun-Guide: Wie man Oblivion so schnell wie möglich abschließt

Speedrunning ist eine unterhaltsame Herausforderung für erfahrene Spieler, die Oblivion so schnell wie möglich abschließen möchten. Bei dieser Art des Durchspielens geht es vor allem um die Optimierung der Bewegung, der Questführung und der effizienten Entscheidungsfindung, um den Zeitaufwand für unnötige Aktionen zu minimieren. Speedrunning ist eine Fähigkeit, die ein tiefes Verständnis der Spielmechanik, Abkürzungen und Sequenzunterbrechungen erfordert. Im Folgenden besprechen wir, wie man Oblivion so schnell wie möglich abschließt, mit besonderem Schwerpunkt auf Questrouten, der Verwendung von Störungen und zeitsparenden Techniken.

Erste Schritte: Vorbereitung auf den Speedrun

Bevor Sie mit Ihrem Speedrun beginnen, ist es wichtig zu wissen, für welche Art von Speedrun-Kategorie Sie sich entscheiden. Oblivion-Speedruns fallen normalerweise in einige Kategorien:

- **Any% Speedrun:** Dies ist der schnellste Lauf, bei dem Sie die Hauptziele erreichen und unnötige Quests vermeiden. Das Ziel besteht darin, das Spiel so schnell wie möglich zu beenden, unabhängig von der 100-prozentigen Fertigstellung oder den

Nebeninhalten.

- **100 % Speedrun:** Dazu gehört das Abschließen aller Quests, das Sammeln aller Gegenstände und das Erreichen aller Erfolge in möglichst kurzer Zeit.

- **Hauptquest Speedrun:** In dieser Kategorie steht die Hauptgeschichte von Oblivion im Mittelpunkt, ohne dass Nebenquests, DLCs oder unnötige Ziele abgeschlossen werden müssen.

Bei einem Speedrun geht es in erster Linie darum, die Ladezeiten zu minimieren und Ablenkungen zu vermeiden. Hier sind die wichtigsten Strategien:

Optimaler Charakteraufbau für Speedrunning

Die Wahl des richtigen Charakteraufbaus ist entscheidend, um die Zeit während Ihres Laufs zu verkürzen. Der folgende Build gilt allgemein als der beste für Speedrunning in Oblivion:

- **Wettrennen:** Wählen Sie Bretonisch für Resist Magic und hohe Startfähigkeiten in der Wiederherstellung (nützlich für die Heilung).

- **Klasse:** Der individuelle Kurs konzentrierte sich auf Zerstörung und Leichtathletik. Zerstörung hilft dabei, schnell mit Feinden umzugehen, und Leichtathletik erhöht Ihre Bewegungsgeschwindigkeit. Sie müssen sich nicht auf Nahkampf- oder Handwerksfähigkeiten konzentrieren.

- **Geburtszeichen:** Die Geburtszeichen „Krieger" oder „Der Dieb" funktionieren am besten, da sie einen zusätzlichen Kraft-

oder Beweglichkeitsschub verleihen und sowohl die Bewegung als auch die Kampfeffizienz verbessern.

Wichtige Speedrun-Strategien

1. **Vermeiden unnötiger Nebenquests:**
   Um das Spiel so schnell wie möglich abzuschließen, müssen Sie Nebenquests vermeiden und sich auf die Hauptquestreihe konzentrieren. Die Hauptquestreihe kann in sehr kurzer Zeit abgeschlossen werden, wenn Sie einer bestimmten Route folgen und langwierige Nebenziele überspringen.

2. **Überspringen des Tutorials:**
   Überspringen Sie das Tutorial zum Imperialen Gefängnis. Dies geschieht entweder durch Ausnutzen eines Ladefehlers (falls zutreffend) oder durch einfaches Laufen direkt in den Dungeon-Ausgang. Mithilfe der Konsolenbefehle können Sie die gesamte Gefängnissequenz umgehen.

3. **Schnelle Reiseoptimierung:**
   Nutzen Sie Schnellreisen sinnvoll, um die Reisezeiten zu minimieren. Stellen Sie beim Reisen zwischen Städten und Dungeons sicher, dass Sie die Kartenmarkierungen verwenden, die Ihrem nächsten Ziel am nächsten liegen. In einigen Speedrun-Kategorien ermöglicht die Manipulation von Kartenmarkierungen eine noch schnellere Navigation.

4. **Verwendung von Glitches:**
   Einige Speedrunner nutzen Glitches wie das Duplizieren von Gegenständen, das Unterbrechen von Sequenzen oder das Ausschneiden von Objekten, um Abschnitte des Spiels zu überspringen. Glitches wie der Fortune's Favour-Glitch (zum Duplizieren von Gegenständen) können genutzt werden, um schnellstmöglich eine Fülle an Gold oder Schlüsselgegenständen

zu generieren.

5. **Effizienter Kampf:**
Benutze Zerstörungsmagie, um Feinde so schnell wie möglich zu vernichten. Zielen Sie mit AoE-Zaubergruppen auf Gegnergruppen und nutzen Sie Feuerbälle oder Frostzauber, um Hindernisse zu beseitigen. Darüber hinaus können Sie bestimmte Kämpfe mit Unsichtbarkeits- oder Lähmungszaubern überspringen.

6. **Letzter Boss-Übersprung:**
Sie müssen nicht gegen jeden Boss kämpfen. Während der letzten Mission im Tempel des Einen können Sie die meisten Feinde mithilfe von Unsichtbarkeit und Geschwindigkeitsmanipulation umgehen. Bei dieser Methode werden die zeitaufwändigeren Abschnitte der letzten Quests übersprungen, sodass Sie das Spiel so schnell wie möglich abschließen können.

Speedrun-Route:

- **Start**: Überspringen Sie das Tutorial zum Kaiserlichen Gefängnis und begeben Sie sich direkt zu Martin Septim im Cloud Ruler Temple.

- **Überspringen Quests:** Vermeiden Sie Nebenziele wie die Kämpfergilde oder die Magiergilde. Priorisieren Sie Hauptstory-Quests.

- **Nutzen Sie Schnellreisen und Glitches:** Reisen Sie schnell zu wichtigen Orten und nutzen Sie Störungen aus, um schwierige Ziele zu erreichen.

- **Letztes Segment:** Überspringen Sie den Kampf, wo möglich, indem Sie Magie einsetzen, und beenden Sie den letzten Kampf im Tempel des Einen mit minimalem Einsatz.

Wenn Sie diese Strategien befolgen, können Sie das Spiel für einen Any% Speedrun in weniger als 4 Stunden abschließen.

Rollenspiel-Komplettlösungen: Spiellösungen, die sich an bestimmten Rollen orientieren, z. B. als Dieb, Magier oder Krieger

In Oblivion Remastered liegt eine der Freuden des Spiels in der Möglichkeit, Rollenspiele zu spielen und Ihren Charakter an eine Vielzahl von Spielstilen anzupassen. Egal, ob Sie ein heimlicher Dieb, ein mächtiger Magier oder ein Panzerkrieger sein möchten, jeder Spielstil bietet einzigartige Herausforderungen und Belohnungen. Im Folgenden werden wir die Rollenspiel-Komplettlösungen für drei der beliebtesten Builds aufschlüsseln: Dieb, Magier und Krieger.

Dieb-Rollenspiel: Heimlichkeit, Schlossknacken und Stehlen

Beim Spielen als Dieb in Oblivion liegt der Schwerpunkt auf Heimlichkeit, Schlösserknacken und Stehlen. Sie können sich an Feinden vorbeischleichen, ahnungslosen Zielen in den Rücken fallen und NPCs stehlen, um wertvolle Beute zu erbeuten.

Baubeginn:

- **Wettrennen:** Khajiit oder Argonier – Beide Rassen haben Tarnungsboni und höhere Beweglichkeit.

- **Klasse:** Maßgeschneidert, basierend auf Stealth, mit Schwerpunkt auf Schleich-, Schlossknack-, Akrobatik- und

Sicherheitsfähigkeiten.

- **Geburtszeichen:** Der Dieb – Es erhöht Ihr Glück und verbessert Ihre Heimlichkeit.

Schlüsselfähigkeiten:

- **Heimlichkeit:** Konzentrieren Sie sich auf die Fertigkeit „Schleichen", um unentdeckt zu bleiben. Verwenden Sie Unsichtbarkeits- und Chamäleonzauber, um Feinde zu umgehen.

- **Taschendiebstahl:** Konzentrieren Sie sich auf die Verbesserung von Taschendiebstahl, um wertvolle Gegenstände von NPCs zu stehlen, ohne dass diese es merken. Mit dieser Fertigkeit können Sie schnell Gold verdienen.

- **Lockpicking:** Verbessere deine Fähigkeiten im Schlossknacken, um auf Truhen und Tresore zuzugreifen, die wertvolle Beute enthalten.

- **Hinterhältig:** Nähern Sie sich immer von hinten, um einen Rückenstich auszuführen. Verwenden Sie Dolche oder vergiftete Pfeile für schnelle Tötungen.

Questreihenstrategie:

- Konzentrieren Sie sich zunächst auf Quests, die Heimlichkeit und Täuschung erfordern, wie zum Beispiel die Missionen der Diebesgilde und der Dunklen Bruderschaft.

- Verwenden Sie eine verhüllte Rüstung, um im Schatten zu verschwinden und Konfrontationen zu vermeiden. Verbessern Sie Ihre Bewegungsgeschwindigkeit und Sprunghöhe mit Akrobatik.

Magier-Rollenspiel: Magie beherrschen, Zauber wirken und Verbündete beschwören

Ein Magier zu sein bietet einen völlig anderen Spielstil, bei dem Sie sich stark auf Zauber verlassen, um Feinde anzugreifen, Verbündete zu unterstützen und die Umgebung zu manipulieren.

Baubeginn:

- **Wettrennen:** Bretone oder Altmer (Hochelf) – Beide haben ausgezeichnete magische Werte und Resistenz gegen Magicka.

- **Klasse:** Brauch basierend auf Zerstörung, Beschwörung, Wiederherstellung und Veränderung.

- **Geburtszeichen:** Der Magier – Er steigert deine Magicka und Intelligenz.

Schlüsselfähigkeiten:

- **Zerstörungsmagie:** Konzentrieren Sie sich auf Feuer-, Frost- und Schockzauber, um Schaden zu verursachen. Kombinieren Sie diese mit „Atronachen oder Daedra beschwören", um zusätzliche Feuerkraft zu erhalten.

- **Beschwörung:** Beschwöre mächtige Verbündete wie Atronachen oder daedrische Lords, um im Kampf zu helfen. Gebundene Waffen sind auch für Magier nützlich, die keine physischen Waffen tragen möchten.

- **Wiederherstellung:** Heile dich selbst und andere mit Wiederherstellungszaubern. Dies wird Ihnen helfen, bei langen Schlachten am Leben zu bleiben.

- **Änderung:** Verwenden Sie „Schild" und „Lähmen", um Nutzen zu bieten und die Menschenmenge zu kontrollieren. Telekinese ist nützlich, um Gegenstände aus der Ferne zu greifen.

Questreihenstrategie:

- Treten Sie der Magiergilde bei, um mächtige Zauber und Ressourcen freizuschalten. Beginnen Sie damit, in der Gilde grundlegende Magie zu erlernen, bevor Sie sich mit mächtigeren Zaubersprüchen wie „Daedrische Fürsten beschwören" befassen.

- Konzentrieren Sie sich auf Zerstörung und Beschwörung, um Schaden zu verursachen und mächtige Verbündete zu beschwören, während Wiederherstellung sicherstellt, dass Sie sich bei längeren Kämpfen heilen können.

Krieger-Rollenspiel: Stärke, Kampf und Tanken

In der Kriegerrolle dreht sich alles um den Kampf, egal ob Sie Schwerter, Streitkolben oder Äxte führen. Als Krieger liegt Ihr Fokus auf Nahkampf, Tanken und dem Überleben schwieriger Begegnungen.

Baubeginn:

- **Wettrennen:** Imperial oder Nord – Beide Rassen bieten hohe Stärke und Ausdauer, die für einen Panzer-ähnlichen Aufbau unerlässlich sind.

- **Klasse:** Benutzerdefiniert basierend auf Klinge, Block, schwerer Rüstung und Waffenschmied.

- **Geburtszeichen:** Der Krieger – Es steigert Ihre Kraft und Ausdauer.

Schlüsselfähigkeiten:

- **Block**: Maximieren Sie Ihre Blockfähigkeiten, um den Schaden zu mindern. Verwenden Sie einen Schild, um Treffer abzufangen und sich zu schützen.

- **Schwere Rüstungr**: Tragen Sie die schwerste verfügbare Rüstung, um mehr Schaden zu absorbieren und an der Front zu bleiben.

- **Klinge/Stumpf**: Spezialisieren Sie sich auf den Schwert- oder Axtkampf, je nachdem, ob Sie Geschwindigkeit oder Schaden bevorzugen.

- **Waffenmeister:** Verbessere deine Waffen und Rüstungen mit Waffenschmied-Fähigkeiten, um sie langlebiger zu machen.

Questreihenstrategie:

- Konzentrieren Sie sich auf die Quests der Kämpfergilde, um Ihren Ruf im Kampf aufzubauen.

- Nehmen Sie Missionen an, die eher Kampf als Heimlichkeit oder Magie erfordern, um Ihren Rang und Ihre Belohnungen zu erhöhen.

- Nutze die Alchemie zur Herstellung von Heiltränken, um sicherzustellen, dass du lange Schlachten überleben kannst.

100 % Abschluss: Leitfaden für diejenigen, die alle Erfolge, Quests und Sammlerstücke erreichen möchten

Für Spieler, die jede Ecke von Oblivion Remastered erkunden und es zu 100 % abschließen möchten, bietet dieser Leitfaden die Schritte und Strategien, die erforderlich sind, um jeden Erfolg freizuschalten, jede Quest abzuschließen und alle Sammlerstücke zu finden.

Hauptziele für eine 100-prozentige Fertigstellung

1. **Abschluss der Hauptgeschichte:** Schließe die Hauptquestreihe ab, um Tamriel vor der daedrischen Invasion zu retten und Mehrunes Dagon zu besiegen. Der Abschluss der Haupthandlung ist der erste große Schritt auf Ihrem Weg zur 100-prozentigen Fertigstellung.

2. **Schließe die Quest „Alle Fraktionen" ab:** Stellen Sie sicher, dass Sie alle fraktionsspezifischen Questreihen abgeschlossen haben, einschließlich:

   o **Magiergilde**
   o **Kämpfergilde**
   o **Diebesgilde**
   o **Dunkle Bruderschaft**

3. **DLC-Inhalt:** Verpassen Sie nicht den Shivering Isles DLC und den Knights of the Nine DLC. Wenn Sie diese abschließen, erhalten Sie zusätzliche Quests, Bosse und einzigartige Artefakte, die zum Abschlussprozentsatz beitragen.

4. **Nebenquests und sonstige Aufgaben:** Schließe alle Nebenquests ab, von einfachen Abrufquests bis hin zu komplexen und versteckten Abenteuern. Diese Quests bieten oft

seltene Gegenstände und besondere Fähigkeiten.

5. **Sammlerstücke:** Jage alle Bücher, Artefakte, seltenen Gegenstände und daedrischen Artefakte. Jedes Sammlerstück trägt zu 100 % zu Ihrem Abschluss bei.

Ganz gleich, ob Sie schnell laufen, um Oblivion Remastered so schnell wie möglich zu beenden, Rollenspiele als Dieb, Magier oder Krieger spielen oder eine 100-prozentige Vollendung anstreben – das Spiel bietet endlose Möglichkeiten zur Anpassung und Erkundung. Das Befolgen spezifischer Anleitungen für jeden Spielstil wird Ihnen helfen, Ihr Erlebnis zu verbessern und Ihre Erfolge zu maximieren, während Sie gleichzeitig jedes Geheimnis freischalten, das Oblivion zu bieten hat. Viel Spaß beim Abenteuer!

ANHANG

Dieses Glossar bietet Definitionen und Erklärungen für Schlüsselbegriffe in Oblivion Remastered, darunter Fraktionen, Zaubersprüche, Mechaniken und mehr. Es dient als hilfreiche Ressource sowohl für neue Spieler als auch für erfahrene Veteranen, die ihr Wissen über das Spiel auffrischen möchten.

Ayles – Eine alte Elfenzivilisation, die einst Teile von Cyrodiil beherrschte. Viele ihrer Ruinen sind über das ganze Land verstreut und ihre Artefakte sind hochgeschätzt.

Alchimie – Eine Spielmechanik, die es Spielern ermöglicht, verschiedene Zutaten zu kombinieren, um Tränke mit magischen Effekten herzustellen. Alchemie ist entscheidend für die Wiederherstellung der Gesundheit, die Verbesserung von Attributen oder die Anwendung von Buffs und Debuffs.

Leichtathletik – Eine Fähigkeit, die Ihre Fähigkeit beeinflusst, schneller zu laufen und Ihre Ausdauer zu erhöhen. Wichtig für Speedruns und um schnell um die Welt zu kommen.

Beschwörung – Eine Zauberschule, die die Beschwörung von Kreaturen, Waffen und verschiedenen magischen Objekten ermöglicht, um den Spieler im Kampf zu unterstützen. Zu den üblichen Zaubersprüchen gehören „Atronach beschwören" und „Daedrischer Lord beschwören".

Daedrische Prinzen – Mächtige daedrische Wesenheiten, die über verschiedene Aspekte der Realität herrschen. Beispiele hierfür sind Sheogorath, der Prinz des Wahnsinns, und Molag Bal, der Prinz der Herrschaft.

Fraktionen – Organisationen, die ihren Mitgliedern Quests und Vorteile anbieten. Zu den wichtigsten Fraktionen gehören die Diebesgilde, die Magiergilde, die Kämpfergilde und die Dunkle Bruderschaft.

Gildes – Spezialisierte Fraktionen, die sich auf bestimmte Fachgebiete konzentrieren. Mitglieder können im Rang aufsteigen, indem sie gildenspezifische Quests abschließen.

Aufsteigen – Eine zentrale Spielmechanik, bei der Spieler die Statistiken und Fähigkeiten ihres Charakters verbessern, indem sie Quests abschließen, gegen Feinde kämpfen oder mit NPCs trainieren. Bei jedem Levelaufstieg müssen Sie sich auf wichtige Fähigkeiten und Attribute konzentrieren.

Zauberschulen – Die primären Magieschulen in Oblivion, jede bietet unterschiedliche Zaubersprüche und Fähigkeiten. Die Schulen umfassen Zerstörung, Wiederherstellung, Veränderung, Illusion und Beschwörung.

Zitternde Inseln – Die DLC-Erweiterung, die den Spieler in das Reich von Sheogorath, dem daedrischen Prinzen des Wahnsinns, einführt. Die Shivering Isles bestehen aus zwei Gebieten: Mania und Dementia, jedes mit seiner eigenen Umgebung und seinen eigenen Herausforderungen.

Heimlichkeit – Eine Spielmechanik, die es dem Spieler ermöglicht, sich unentdeckt zu bewegen. Es ist entscheidend für den Abschluss von Dieb- und Attentäter-Durchgängen und beinhaltet Fähigkeiten wie Hinterhältigkeit, Taschendiebstahl und Schlossknacken.

Beschwörung – Ein Zauberspruch oder eine Fähigkeit, die es dem Spieler ermöglicht, Verbündete, Kreaturen oder Objekte herbeizurufen, die an ihrer Seite kämpfen. Zu den üblichen Beschwörungen gehören daedrische Fürsten, Atronachen und gebundene Waffen.

Krieger – Ein kampforientierter Charakteraufbau, bei dem körperlicher Kampf, Stärke und Verteidigung im Vordergrund stehen. Zu den üblichen Fertigkeiten für Krieger gehören Klinge, schwere Rüstung, Block und Waffenschmied.

Erfolgsliste: Eine Aufschlüsselung aller Erfolge und wie man sie freischaltet

Oblivion Remastered bietet eine Vielzahl von Erfolgen, die Spieler für das Abschließen bestimmter Aufgaben, Missionen und Herausforderungen im Laufe des Spiels belohnen. Nachfolgend finden Sie eine Aufschlüsselung der wichtigsten Erfolge und wie Sie diese freischalten können.

1. **Held von Cyrodiil**
   Beschreibung: Schließe die Hauptquestreihe ab und rette Tamriel vor der Invasion des Oblivion-Tors.
   So entsperren Sie: Beenden Sie die Hauptquest und schließen Sie die Tore des Vergessens.

2. **Meister der Gilden**
   Beschreibung: Schließe die Questreihen „Kämpfergilde", „Magiergilde", „Diebesgilde" und „Dunkle Bruderschaft" ab.
   So entsperren Sie: Schließe die Hauptquestreihen aller Gilden ab und werde deren Anführer.

3. **Daedrischer Retter**
   Beschreibung: Schließe alle daedrischen Quests ab und erhalte alle daedrischen Artefakte.
   So entsperren Sie: Schließe jede von den daedrischen Fürsten gegebene Quest ab und sammle ihre Artefakte ein.

4. **Eroberer der Shivering Isles**
   Beschreibung: Schließe den DLC „Shivering Isles" ab und rette das Reich von Sheogorath.
   So entsperren Sie: Beenden Sie die Haupthandlung des

Shivering Isles DLC.

5. Champion der Neun

Beschreibung: Schließe den Knights of the Nine DLC ab und stelle die Knights of the Nine wieder her.

So entsperren Sie: CSchließe die Questreihe „Ritter der Neun" ab und hole alle heiligen Relikte zurück.

6. Meisteralchemist

Beschreibung: Stelle im Spiel 50 Tränke her.

So entsperren Sie: Stelle 50 Tränke aus Zutaten her, die in der Wildnis gefunden oder bei Händlern gekauft werden können.

7. Unsterblich

Beschreibung: Schließe das Spiel ab, ohne zu sterben.

So entsperren Sie: Schließe die Hauptgeschichte und alle Nebenquests ab, ohne zu sterben, einschließlich Bosskämpfen und gefährlichen Missionen.

8. Notizbuch des Abenteurers

Beschreibung: Sammle alle seltenen Bücher, die in ganz Cyrodiil verstreut sind.

So entsperren Sie: Finde alle einzigartigen Bücher in Dungeons, Städten und Gildenstandorten.

9. Stealth-Meister

Beschreibung: Schließe eine Quest erfolgreich ab, ohne entdeckt zu werden.

So entsperren Sie: Schließe eine Quest ab, bei der du unentdeckt bleiben musst, etwa eine Mission der Dunklen Bruderschaft oder einen Diebstahl durch die Diebesgilde.

10. Daedrischer Eroberer

Beschreibung: Besiege alle daedrischen Prinzen und ihre

Diener.

So entsperren Sie die Sperrek: Nimm an allen daedrischen Quests teil und schließe sie ab, um die angebotenen Artefakte freizuschalten.

Index: Kurzübersicht zum Auffinden aller im Handbuch behandelten Themen

Der folgende Index dient als Kurzreferenz zum Auffinden spezifischer Informationen oder Themen, die im gesamten Leitfaden behandelt werden.

Anhang: Cheat-Codes, Konsolenbefehle und freischaltbare Elemente

In Oblivion Remastered haben Spieler Zugriff auf Cheat-Codes, Konsolenbefehle und die Möglichkeit, versteckte Inhalte durch Gameplay oder Befehle freizuschalten. Hier erkunden wir die Cheat-Codes und Konsolenbefehle, die die Spielwelt verändern, Gegenstände hervorbringen oder versteckte Inhalte freischalten können.

Freischaltbare Inhalte: So entsperren Sie geheime Inhalte, einschließlich Rüstungssets, NPCs und Quests

Zu den freischaltbaren Inhalten in Oblivion Remastered gehören seltene Rüstungssets, NPCs und Quests, die auf der ganzen Welt versteckt sind oder durch Konsolenbefehle ausgelöst werden. Dazu gehören:

1. **Einzigartige Rüstungssets:** Verwenden Sie Konsolenbefehle, um daedrische Rüstung, Ritterrüstung und Glasrüstung freizuschalten.

2. **NPCs:** Bestimmte NPCs wie The Grey Fox oder Mysterious Strangers können durch das Abschließen bestimmter Quests oder die Verwendung von Konsolenbefehlen freigeschaltet werden.

3. **Versteckte Quests:** Bestimmte daedrische Quests sind verborgen, bis sie durch bestimmte Aktionen ausgelöst werden. Spieler können auch Shivering Isles- oder Knights of the Nine-DLC-Inhalte mithilfe von Befehlen freischalten.

Um Inhalte zu entsperren, verwenden Sie diese Befehle in der Konsole:

- player.additem [Artikelcode] [Menge]

- player.addnpc [NPC-Code]

- player.addquest [Questcode]

Konsolenbefehle: Erweiterte Befehle zum Ändern des Gameplays oder zum Hinzufügen von Gegenständen zu Ihrem Inventar

Mit Konsolenbefehlen können Sie Spielmechaniken ändern, NPCs modifizieren und Gegenstände direkt zu Ihrem Inventar hinzufügen. Hier sind einige erweiterte Befehle, mit denen Sie Ihr Spielerlebnis verbessern können:

1. player.additem [Artikel-ID] [Menge]
   Dieser Befehl fügt Ihrem Inventar einen beliebigen Gegenstand hinzu. Verwenden Sie zum Beispiel player.additem 0009b61b 1 um den Ring von Hircine zu Ihrem Inventar hinzuzufügen.

2. player.addspell [Zauber-ID]
   Mit diesem Befehl können Sie Ihrem Zauberbuch einen beliebigen Zauber hinzufügen. Zum Beispiel, player.addspell

0005d3f1 fügt Ihrem Arsenal den Unsichtbarkeitszauber hinzu.

3. player.setlevel [Level]
   Verwenden Sie dies, um Ihren Charakter sofort auf ein beliebiges Level zu bringen. Beispiel: Spieler.Setlevel 50 bringt deinen Charakter auf Level 50.

4. player.addgold [Betrag]
   Fügen Sie Ihrem Inventar Gold hinzu. Beispiel: player.addgold 1000 gibt dir 1000 Gold.

5. thm
   Schaltet den Gottmodus um und macht Sie unverwundbar gegen Schaden.

6. coc [Ort]
   Teleportiere dich an einen beliebigen Ort im Spiel. Beispiel: coc Kvatch wird dich nach Kvatch teleportieren.

In diesem Anhang werden die wichtigsten Begriffe, Erfolge und Konsolenbefehle behandelt, die Ihnen helfen werden, Ihr Erlebnis in Oblivion Remastered zu verbessern. Egal, ob Sie geheime Inhalte freischalten, das Gameplay mit Konsolenbefehlen optimieren oder einfach nur nach einer Kurzanleitung suchen, dieser Abschnitt enthält wichtige Informationen, die Ihre Reise durch Tamriel noch lohnender machen. Halten Sie es griffbereit, wenn Sie Cyrodiil erkunden, Quests abschließen und die riesigen Schätze und Geheimnisse freischalten, die das Spiel zu bieten hat.

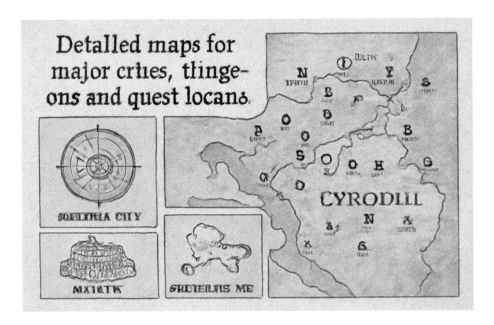

Detailed maps for major cities, dungeons and quest locations.

ABSCHLUSS

Oblivion Remastered ist ein monumentaler Eintrag in der Elder Scrolls-Reihe, der für seine Freiheit in der offenen Welt, das dynamische Geschichtenerzählen und die komplizierte Spielmechanik gefeiert wird. Von dem Moment an, in dem Sie die Welt von Cyrodiil betreten, werden Sie mit einer schieren Bandbreite an Erkundungen konfrontiert, die es Ihnen ermöglicht, Ihren eigenen Weg in einer weitläufigen Fantasiewelt zu finden. Die Quests, Rollenspielelemente und Charakteraufbau gehören nach wie vor zu den unterhaltsamsten Aspekten des Spiels und bieten nahezu unbegrenzte Möglichkeiten für die Herangehensweise an die Hauptgeschichte und die Nebeninhalte.

Die erfreulichsten Elemente von Oblivion Remastered sind seine Flexibilität und die reichhaltige Charakterentwicklung. Spieler können als Magier, Dieb, Krieger oder Hybrid in das Spiel eintauchen und dabei wichtige Entscheidungen treffen, die den Ausgang von Quests beeinflussen. Egal, ob Sie sich auf Kampf, Magie oder Tarnung konzentrieren, jeder Spielstil bietet ein einzigartiges Erlebnis. Die Erkundung mit offenem Ende bedeutet, dass kein Durchspiel dem anderen gleicht, und selbst nach Abschluss der Hauptquest lockt die Welt von Tamriel immer noch mit endlosen Geheimnissen, die es zu entdecken gilt.

Eine der wichtigsten Eigenschaften, die Oblivion Remastered in den Herzen der Fans lebendig hält, ist seine Wiederspielbarkeit. Jeder neue Spieldurchgang kann je nach Wahl, Rasse, Geburtszeichen und Fertigkeitsschwerpunkt sehr unterschiedlich sein. Die Quests variieren in Herangehensweise und Ausgang, und mit mehreren DLC-Erweiterungen wie Shivering Isles und Knights of the Nine gibt es auch für erfahrene Spieler immer etwas Neues zu erleben.

Oblivion Remastered ist weiterhin ein einflussreicher Titel in der Elder Scrolls-Reihe und ebnet den Weg für zukünftige Folgen. Seine reichhaltigen Hintergrundgeschichten, dynamischen NPCs und der fesselnde Aufbau der Welt bereiteten die Bühne für die folgenden beliebten Titel, insbesondere Skyrim. Aber trotz seines Alters nimmt Oblivion aufgrund seiner innovativen Spielmechanik, epischen Handlungsstränge und unvergesslichen Charaktere einen besonderen Platz ein.

Was kommt als nächstes für die The Elder Scrolls-Reihe: Ein Ausblick auf zukünftige Elder Scrolls-Titel und was Fans erwarten können

Die Zukunft der Elder Scrolls-Reihe sieht unglaublich vielversprechend aus, da Elder Scrolls VI offiziell angekündigt, aber noch nicht veröffentlicht wurde. Fans haben seit der Veröffentlichung von Skyrim im Jahr 2011 sehnsüchtig auf ein neues Kapitel der Serie gewartet, und obwohl die Einzelheiten weitgehend unter Verschluss bleiben, können wir einige Schlüsselelemente vorhersehen.

Elder Scrolls VI wird wahrscheinlich auf den in Oblivion und Skyrim etablierten Open-World-Prinzipien aufbauen und über verbesserte Grafik, Weltaufbau und Spielmechanik verfügen. Die Entwickler von Bethesda haben die Grenzen des interaktiven Geschichtenerzählens und des Eintauchens in die Umgebung immer wieder erweitert, sodass wir davon ausgehen können, dass der nächste Teil eine lebendige, weitläufige Welt mit neuen Fraktionen, Quests und Charakteroptionen bietet.

Eine große Erwartung an Elder Scrolls VI ist ein stärkerer Fokus auf die Vielfalt der Wahlmöglichkeiten. Oblivion war bahnbrechend hinsichtlich der Charakteranpassung, und es ist wahrscheinlich, dass Elder Scrolls VI diesen Aspekt noch weiter ausbauen wird. Spieler könnten eine reaktivere Welt erwarten, in der noch mehr Entscheidungen im Laufe des Spiels nicht nur die Geschichte, sondern auch die politische Landschaft und die Interaktionen mit NPCs prägen.

Eine weitere Möglichkeit ist die Integration komplexerer Kampfsysteme und magischer Mechaniken, wobei man sich von den verfeinerten Systemen von Skyrim inspirieren lässt und möglicherweise neue Technologien implementiert, die den Kampfablauf und die strategische Tiefe verbessern. Darüber hinaus können Fans angesichts des Erfolgs der Online-Multiplayer-Elemente in The Elder Scrolls Online hoffen, irgendeine Form von Multiplayer-Interaktion oder Koop-Elementen zu sehen, auch wenn das spekulativ bleibt.

Die Welt von Tamriel ist riesig, und während sich Oblivion auf Cyrodiil und Skyrim auf die nordischen Regionen konzentriert, könnte sich Elder Scrolls VI dafür entscheiden, in neue Länder vorzudringen und den Spielern völlig neue Kulturen, Städte und Herausforderungen vorzustellen. Ob wir in bekannte Regionen zurückkehren oder etwas völlig Neues erkunden, die Vorfreude auf das, was vor uns liegt, ist groß.

Schützen Sie Ihre gespeicherten Dateien: Tipps zum Verwalten von gespeicherten Dateien, Sicherungsoptionen und Modding-Ratschläge

Wenn Sie tiefer in Oblivion Remastered eintauchen und die weite Welt erkunden, ist ein wichtiger Aspekt, den Sie berücksichtigen sollten, die Speicherung Ihres Fortschritts und die Sicherstellung, dass Sie Ihre hart erkämpften Erfolge nicht verlieren, insbesondere wenn Sie Mods verwenden oder mehrere Spieldurchgänge bewältigen. Hier finden Sie einige Tipps zum Verwalten und Sichern von Sicherungsdateien und zur optimalen Nutzung Ihres Modding-Erlebnisses.

Speichern von Dateien verwalten

1. **Oft sparen:** Oblivion leistet zwar hervorragende Arbeit beim automatischen Speichern, es ist jedoch immer eine gute Idee, Ihren Fortschritt an wichtigen Punkten manuell zu speichern, insbesondere vor schwierigen Kampfbegegnungen oder wenn Sie wichtige Entscheidungen in Quests treffen. Behalten Sie

immer mehrere Speicherplätze für verschiedene Punkte im Spiel bei. Dies ermöglicht Ihnen, zu einem anderen Speicherstand zurückzukehren, wenn etwas schief geht (z. B. ein Fehler oder Fehler).

2. **Backups erstellen: Backup** Überprüfen Sie Ihre Sicherungsdateien regelmäßig. Dies ist besonders wichtig, wenn Sie Mods verwenden, da bestimmte Mods Kompatibilitätsprobleme oder Abstürze verursachen können. Um sicherzustellen, dass Sie Ihren Fortschritt nicht verlieren, kopieren Sie Ihre Sicherungsdateien auf ein externes Laufwerk oder einen Cloud-Speicher. Auf dem PC befinden sich Sicherungsdateien normalerweise in Ihrem Ordner „Dokumente/Oblivion/Saves".

3. **Verwenden Sie einen Save File Manager:** Es stehen Tools und Mods von Drittanbietern zur Verfügung, mit denen Sie Ihre gespeicherten Dateien organisieren und sogar automatisch sichern können. Diese Tools bieten eine bessere Kontrolle über Ihr Speichersystem und verhindern, dass Sie wichtige Fortschritte überschreiben.

Modding-Ratschläge

1. **Lesen Sie immer die Mod-Beschreibung**s: Bevor Sie Mods installieren, lesen Sie die Mod-Beschreibung auf Plattformen wie Nexus Mods sorgfältig durch. Modder stellen häufig wichtige Informationen zur Kompatibilität, Installationsanweisungen und erforderlichen Patches bereit.

2. **Verwenden Sie den Mod-Manager**s: Die Installation mehrerer Mods kann schwierig sein, insbesondere wenn Mods dieselben Spieldateien ändern. Die Verwendung eines Mod-Managers wie

Nexus Mod Manager (NMM) oder Oblivion Mod Manager (OBMM) ermöglicht die einfache Installation, Organisation und Entfernung von Mods, ohne die Spieldateien direkt zu manipulieren. Dies verringert das Risiko einer Beschädigung Ihrer Sicherungsdateien.

3. **Verwenden Sie Kompatibilitätspatches**: Bei der Verwendung mehrerer Mods kann es zu Mod-Konflikten kommen. Um dieses Problem zu lösen, suchen Sie nach Kompatibilitätspatches, die die Zusammenarbeit verschiedener Mods unterstützen können. Es gibt große Community-Foren, in denen Modder Kompatibilitätsprobleme diskutieren und Lösungen vorschlagen.

4. **Testen Sie neue Mods bei einem neuen Speicherstand:** IWenn Sie neue Mods ausprobieren, ist es immer eine gute Idee, sie zuerst in einer neuen Sicherungsdatei zu testen. Dies verhindert potenzielle Probleme, die durch vorhandene Sicherungsdateien entstehen könnten. Einige Mods können Teile des Spiels beschädigen oder Störungen verursachen, die Ihren Fortschritt beeinträchtigen.

5. **Seien Sie vorsichtig bei skriptlastigen Mods**s: Einige Mods nehmen erhebliche Änderungen an den Skripten und der Mechanik des Spiels vor, was sich auf die Stabilität des Spiels auswirken kann. Wenn Sie vorhaben, eine skriptlastige Mod zu installieren, beispielsweise Mods, die den Kampf oder die KI des Spiels überarbeiten, stellen Sie sicher, dass sie mit Ihrer aktuellen Mod-Liste kompatibel ist, und sichern Sie vorher Ihre Sicherungsdateien.

6. **Installieren Sie Mods für Immersion**: Oblivion Remastered verfügt über eine starke Community von Moddern, die fantastische Inhalte erstellt haben, um die Grafik, den Sound und die Hintergrundgeschichte des Spiels zu verbessern. Mods wie

Unique Landscapes, Oblivion Reloaded und Better Cities überarbeiten die Umgebung, um sie immersiver und optisch ansprechender zu machen.

Indem Sie Ihre Speicherdateien effizient verwalten, regelmäßig Backups erstellen und Mods sorgfältig verwenden, können Sie ein reibungsloses und unterhaltsames Oblivion Remastered-Erlebnis gewährleisten. Egal, ob Sie die weite Welt von Tamriel erkunden oder Ihr Abenteuer mit neuen Inhalten erweitern, die Kontrolle über Ihre Spielstände und Mods kann den entscheidenden Unterschied machen.

Oblivion Remastered ist nach wie vor ein zeitloser Klassiker im RPG-Genre und bietet eine weitläufige Welt voller Möglichkeiten zur Erkundung, zum Kampf und zur Charakterentwicklung. Von der fesselnden Haupthandlung bis hin zu den endlosen Möglichkeiten für Rollenspiele, Modding und DLC-Erweiterungen ist das Spiel reich an Inhalten, die man Hunderte von Stunden lang genießen kann. Ganz gleich, ob Sie Speedrunning betreiben, Rollenspiel-Herausforderungen annehmen oder einen 100-prozentigen Abschluss anstreben, Oblivion Remastered bietet ein bemerkenswertes Maß an Freiheit und Wiederspielbarkeit.

Während wir auf die Zukunft der Elder Scrolls-Reihe blicken, können Fans noch umfangreichere Welten und innovative Mechaniken erwarten, die auf dem Erbe von Oblivion aufbauen. Ganz gleich, ob Sie für ein neues Durchspielen nach Tamriel zurückkehren oder für ein neues Erlebnis in Mods eintauchen, Oblivion Remastered bleibt ein Beweis für die Macht von Open-World-RPGs.

www.ingramcontent.com/pod-product-compliance
Lightning Source LLC
LaVergne TN
LVHW022344060326
832902LV00022B/4241